# 瞬時に覚醒せよ

寺田妙昂斉

文芸社

# 瞬時に覚醒せよ●目次

# まえがき

一つの時代が、終わろうとしている。終わって、新しい時代を迎えるのである。

現代社会は、化学を開発して、化学に征服されようとしている。

地球をも破壊出来る威力を持つ核。世界戦争の脅威、それに加えて人間の健康も、医学の信頼性の欠落によって、大きく崩れようとしている。

クスリの功罪的是非の判断が分かれる所だが、医学の専門家森下敬一博士の言葉によると、現代医学は「総ての病気を征服しつつある……」などと言われているが、それは全くの誤りで、むしろ病気を複雑化し、治り難くしているという。

これは、直接的には現代医学が、化学薬剤を治療手段のパートナーに選んだという大きなミスによるものだが、元を正せば血液の誕生と、その機能の重要性について、正しい考え方がなされていないところから生まれた悲劇とも言えるのである。

言い方を変えると、現代医学の行き詰まりを、指摘したものと言えるのだ。クスリが効くものであるならば、病気がこの世からなくなっているはずである。

大変ショッキングな記事が、平成十一年八月五日の「毎日新聞」一面下〝余録〟欄に掲載された。東京国立国際医療センターでのニュースである。

抗生物質の効かない、バンコマイシン耐性腸球菌（VRE）に感染した患者が、四月に死亡した。

東京・墨田中央病院では、七人の患者が抗生物質の効かない、セラチア菌に感染し三人が死亡している。どちらも院内感染からの発病である。あちこちで細菌が反乱を起こしている。

セラチア菌は、人の腸内で見つかる毒性の菌だ。VREも腸管の常在菌である。本来病気を起こす性質はないが、身体の抵抗力の落ちた人に、感染を起こす。その大半が、抗生物質を使用している患者だ。

平生は外敵から守ってくれる常在菌が、抵抗力が落ちると、俄かに強力な敵に変わってしまう。

この記事の意味するところは、抗生物質を使用している患者が、身体の抵抗を失なって、しかも体内の常在菌にやられて死に至る。

恐ろしいことだ。クスリによる悲劇である。細菌をやっつける、対症療法の誤りである。

これから先、安心して病院にもかかれない、医学の根本をも問われるような事件である。

森下敬一博士（『クスリをいっさい使わないで病気を治す本』の著者）の言葉によると、病気は総て血液の汚染から来ているという。つまり血液が汚れるために、発病又は病気の悪化が進み、血液が綺麗になると、病気は確実に治癒されていくのである。そして、その血液を造るのに必要な食物の質と血液の質が、更なる体質を決定するのである、と締め括っている。私の意見も同じで、更に付け加えると、自然治癒力を高める力を生むのである。

現実に四十年間、血液を浄める方法で、健康を維持しているのである。

その血液を浄める力こそ、救世主「観音妙智力」、救いの神霊療法である。高次元の世界では、来る二十一世紀の天国建設のハウツーは握られているのであり、救世主の救いが大きく展開されていくのである。

地球はこれから「水瓶座の時代」。占星術と天文学の分野では、西暦二千年からの二千年間を、そうよんでいる。水瓶座の時代に入ると、愛と光の世になるという。

これは、本当だろうか。愛と光という二つの言葉は、次の時代の特徴を表現する言葉として、頻繁に使われている。

天国建設は、愛と光とによって、成就するのである。

紙面の関係で説明は後の項に譲るが、既に人類の天国への意識改革は進み、それが言葉となって現われ、時代の転換は素直になりさえすれば、スムーズに運ぶはずである。そしてこの本の一番のテーマとして、健康の問題を取り上げているのである。特に健康そのものについては、誰しも願わない人はいない。

近頃やたらと暗いニュースが多く、頻繁に耳にするが、健康であり続けることは、さほど難しいことではない。ほんの僅か考え方を変えるだけで良い。

私が体験した、四十年の健康の秘訣を摑んで下されば、それだけで良いのである。私が学んだことの中から、実際に読み書き実行して来た、「心のメモ」を、まとめたものが本書である。自分が用いて効果のなかったことは、この本には書いていない。

自分の状況に適応した形で、又、お金のかからない方法で実行してみていただきたい。私達には、長い間の習慣だとか暗示にかかっていたことが、固定観念に繋がり潜在意識となって、邪魔をしている場合が多くある。小さなことから信じて実践していく、そこに思わぬ救いが待っているのである。

現在私達が住んでいる日本は、経済力低迷の渦中にあって、国民医療費が莫大な金額になっている。九七年度の総金額は、二十九兆円を突破してしまった。つい最近までは二十五兆円と聞いていた。

経済の停滞と高負担。日本沈没がウソでもないと思われるこの時、救世主の救いと、自然治癒力を高めることで、この方法が普及実践され、景気回復浮上する一大契機になることは夢ではない。

私は、時間がたてば年間十兆円くらいの国民医療費を、景気対策に利用出来ると信じている。

# 一　はじめに

私達が住んでる社会、そして同じ時期に運命を共にする人達に、更に未来に向けて二十一世紀に生きる人達へ、私が主張したいことを説明するために、今手もとにある湯川秀樹博士著の『続々天才の世界』の中のウイーナーによる「サイバネティックス」論を引用することを、お許しいただきたい。一九四八年出版とかで、かなり時間はたっているが、今でもその説は新しく、輝いている。

彼は、二十世紀後半の工学技術のあらゆる分野、とくにオートメーションに関連した制御技術の分野で大変影響力をもち、情報論学者としての彼の業績は、自然、人文、社会の枠を超えた自己制御系に関する一般論として、いわゆる「サイバネティックス」という名で呼ばれている技術体系の樹立によって決定的なものになった。なかでも通信と制御と、統計力学を中心とする一連の問題が、機械であると生体組織であるとに関係なく、本質的に統一されうるものとの考え方に立って、学問体系に仕上げていったものだと言っている。

何故この論を取り上げたかというと、世の中には未来についての生き残りをかけての説がいろいろあるが、わかりやすいことと、何故こうしなければならないかということがよくわかる説だからである。このサイバネティックスという用語は、ギリシア語の「船の舵取り」を意味する「キュベルネテス」の英語読みだそうだ。サイバネティックスというのは、重要なテクノロジーだという意味での再評価がすでに定着している。したがって洋の東西を問わず、サイバネティックス思考に無縁な文明社会はないと思う。なお、私達の生活にかかわりある事柄をこれから幾つか挙げて、私が主張したいことを理解していただきたい。

サイバネティックスというのは、人間が何か目的をもっていろいろな行動をするとか、あるいは動物も人間に似た行動をしているということである。目的意識を持っているかどうかはよくわからないが、結果的には、動物はうまく外界に適応して、ある目的にかなったことをしている。ハチが巣を造ったり、ハチの巣へ蜜を持ってきたり、蟻の巣造りやエサを運ぶ動作、サケが生まれ育った川に帰って卵を産む等々。何か非常に心惹かれ神秘的にさえ取れる。その中から、多くのサイバネティックスを理解出来るようなことが無数にある。これを人間に置きかえると、とても言いにくいが文明社会はどうなっているか。都会に出ての人間の巣造りは、収入のバランスから考えると、住まいが高すぎる。よしんば家は借家でも高い。その上、子供をつくっても養育費に金がかかり過ぎる。病気になれば医療費が高くつく。その点でも失業の時代は、悲観的である。少子化を云々する前に考えさせられる昨今である。

後の項で健康についてのいろいろな話が出て来ると思うが、このサイバネティックスというのは生体系と動物の特殊な制御機能についての話である。私達の体、そして構造機能、健康について大変大事な要素として、考えてみたいと思う。

メキシコ国立心臓医学研究所のローゼンブリュートという生理学者と共同研究してきた内容だともその説の中で言っているが、通信と制御によって常にコントロールされている私達の体は不思議なもので、人類が直立歩行を始めてからすでに五百万年たったとも八百万年たったとも言われている。この気の遠くなるような長い歴史の中で、いわゆる万物の霊長として一度も後退することなく、生きながらえてきて、今更何をか言わんやではあるが。

しかし近代驚くべきことに、現代医学が発達したわりには病気はむしろ増加の一途をたどっている。色々様々な理由があるだろうが、紙面の都合で割愛するが、歴史的に見ると、二千年前頃までは病気は少なく日本でも寿命は百歳くらいまでだったと聞く。仏教の伝来と同時に漢方薬が入ってきて、その頃から病気をするようになったとも聞く。

そこでサイバネティックスの話になるが、人間の体がもつ機能くらい神秘的で素晴らしいものはない。人間「生命化学」の体をシステム化した機械工場にたとえると、設備も含めて、五体から頭脳、内臓を含めたその機能を工場で処理をするとなると一つのビルが出来るくらいの大きさになる。朝起きてから夜寝るまで、空気を呼吸し食物を食べ頭脳で思考し決断し、内臓は夜寝ても四六時中休むことなく働いている。人間のこのような作業を通信自動制御による完璧なコントロールにより、人間は生存をしている。

ここまでは読者もよく理解出来ると思うが、この完璧なまでのオートメーションの中に、忘れてはならない大変大事な機能が備わっている。それは機械にたとえると浄化装置があるということである。この浄化装置を無視して治療をしたり、健康でありたいと願うことは出来ない。一時的には薬で治ったかに見えるが、長続きはしない。次の病気を生むきっかけになったりする。あくまでも浄化装置の機能が血液をきれいにするのである。それが風邪であれば、熱が出たり下痢をしたりして、毒素の排除作用により元の健康な体に戻るのだ。このことをフィードバックコントロールという。この場合、重病人が風邪を引いたりすると大変なので、勿論医者の診断を受けて適切な処置をすることは言うまでもない。しかし、健康時から風邪を止めたり浄化を止めるということを続けていると、更に複雑な病気を生みだしてゆく。

人間には自然治癒力というものが備わっている。病気は本来、バランスのとれた栄養と休息さえあれば自然に治ってしまうものだ。風邪によって起こる症状を止めようとして薬を風邪が治るまで飲み続ける人があるが、それは健康によくない。自然治癒力の妨げとなる。健康時の風邪は心配は全くない。これが金のかからない健康法で、これによってどれだけ救われるか計り知れないと思う。自動車のエンジンを動かすには、ガソリンに点火し燃焼させるが、人間の新陳代謝を活発にさせるためには、空気中の酸素が食べ物を燃やし酸化してエネルギーとするので、このために、時々「深呼吸」をすることが必要である。深呼吸は、酸素の補給だけでなく、精神を安定させ、ストレスを除く近道であり、しかも無料である。

またその他、胃液中の胃酸には、コレラ菌も無毒にするような素晴らしい殺菌力がある。食べ物の種類によって、含水炭素にはジアスターゼが、タンパク質にはペプシンが、油を消化するには胆汁や膵液といったふうにそれぞれ役割が決まっていて、薬より上等な天然の消化剤が自分の体の中でつくられている。難病の治療に使う「副腎皮質ホルモン」という薬は、自分の体の副腎の皮の部分でつくられている。糖尿病の治療に使う「インシュリン」という薬も膵臓で毎日作られている。バイ菌に感染すると白血球が出動し、白血球の貪食作用によって菌を取り込んで死滅させる働きがある。これらの不可思議な生理作用がいつもわれわれの体の中で営まれているので、あとは体が新陳代謝を行なって、老廃物を排泄し、新しい細胞、組織がつくられて病気が治っていく。

医学の進歩で今日までの歩みもあるわけだが、環境汚染はどんどん進んでいる。私達の体にも限界がある。どうか真の健康法には自然治癒力を、言い換えると浄化療法を生かしてほしい。

続いて「サイバネティックス」の重要な論理に、「地質学上の記録と、もっと最近の生物の歴史の示すところによれば、動物の多くの種族が絶滅してしまっている。我々が今日までずっと生きてきたからといって、人類が不滅だと論ずることは、我々個体がまだ死んでいないからといって個体が不滅だと主張するのと同じようなものである。だから他の種族がどんな条件の下で滅亡したかという事情を知ることは興味深く、かつ我々にとってなかなか重要な事である」というものがある。

次を読んでみると、「或る意味で、我々は死を宣告された一遊星上の難破船の乗客といえるのである。にもかかわらず、難破に臨んでも人間の体面と人間の価値とは必ずしも全く消滅はしない。そして我々はそれらを十分重んじなければならない。我々は滅びてゆくであろう。しかし我々の尊厳に相応しいと思われる仕方で迎えようではないか（略）」とすごく絶望的になっているが、私はそうは思わない。

これからの未来に向けて、変えられるものと変えられないものがある。地球には規模の大きな自然災害が起こりつつある。地震、火山の噴火。地軸の傾きでさえ災厄かもしれない。だが集合的意識によってすべてを変えられる。思考によって地球を救うことが出来るという人もいる。思考が行動になれば救える。あらゆるところで大勢の人達が環境を救うために何かをしなくてはいけないと信じるようになれば、地球は救える。それには急がなければいけない。世界を救うために、非常に大きな姿勢の転換が必要だろう。

それがサイバネティックスの理論の示したい所であろう。「我々は我々の国の土壌を浸蝕にまかしたように、国の頭脳を浸蝕にまかしている余裕はない。（略）我々がより多くの発明、発見にますます依存しているという事実にめざめた社会組織を必要とする。いやしくも人間が生存を続けるためには、人間は商売の夢を追ってはならない」

経済合理主義一辺倒は危険なんだということである。船の舵取りと実行主義である高度なプラグマティズムが、彼の根源的な思想を形づくっている。その裏付けをしてゆきたいと痛切に感ずるのは、私一人ではないと思う。人間は自分だけで生きているのではなく、大きな存在によって生かされている、と気づくべきで、反省と悔い改むる者達で築くべき時を迎えたのかも知れない。このあと、実話と私のささやかな体験の中から、何かをつかんでいただきたいと思う。

## 二　健康とクスリの原理

私達は、いつも健康を願っていながら、ある日突然発病して医学に身を任せて、とんでもない結果に繋がっていくことがある。

三年程前になるが、三女が胃潰瘍とかで、ある総合病院に入院することになった。何でも、切除しなくては命に関わると言われた。

それなら切るしかないと、長女が立ち会って手術をする段取りとなった。私も駆けつけて切除した胃の肉片を見たが、どこが悪いのかサッパリわからなかった。だが、変な言いがかりをつけて娘の命に何事かあったら大変だとすごすごと帰った。

それから一年くらいして、又同じ所が悪くなった。確か癒着をしているとかで、切除手術をする必要があると言われた。今度は私も強く出て、反対をした。

「絶対に切らさんゾ」

覚悟を決めて最初にしたことは、医者の言葉を逆手に取って、医者から離すことだった。

先ず娘に、暗示をかけることにした。私が文章を書いて、「朝昼晩一日三回以上読み、その言葉を唱えなさい」と。

私は自己暗示の原理を通して、心に描いている健康について、病気がどうしたら癒されるか、ということを神に祈る。

自然治癒力の高まりを、念願し乞い願う。そうして、「私の身体に働きかけられる力を信じます」と何回も唱えた。
四、五日して退院させた。切除しなければならない身体を抱え、毎日少しずつ歩かせ、足腰の強化を図ったのである。そして見事に、健康体に回復し、生まれ変わることが出来た。
かけがえのない命、人間はやはり弱いもので、医者から言われると、どんなことを言われても、普通は医者に従うように躾けられている。

ここで考えなくてはならないのは、胃を切除された本人は死ぬまで障害を抱えて生活しなければならない。胃を半分切除して、又半分切除すると残りは四分の一になる。

その辛さは、病人自身や、親にしかわからない。

本題のテーマ、健康について話を進めていくが、人間は大なり小なり、病気をするように出来ている。

さあ、そこで最初のとらえ方が大変大事な健康の要素、風邪を引いたり下痢をしたり、熱を出したりすることについて。重い病気を持っていて風邪を引くと大変だが、一般には身体の毒を出す調整作用だから、自然治癒力で充分病気は治るようになっているのである。私達の身体は、神から丈夫な身体を貰って生まれて来ている。健康の器というのも、ここから来ている。釈迦の教えにもあるように、生病老死の四大苦といって、免れることは出来ないと考えた方が、妥当だと思っていただきたい。

現代医学では、根本の所に間違いがあって、クスリが効くものなら病気はこの世からなくなっているはずであるのに、病気の種類は増え複雑になっている。

クスリを大きく分けると、栄養補給のクスリと、病原菌を殺すクスリとがあって、この病原菌を殺す化学薬剤を治療手段に選んだことから、人間の悲劇が生ずるようになった。事例として挙げれば切りがない程あるが、紙面の都合で別の項に記載することにする。よく副作用という言葉を使っているが、言い方を変えると毒物作用とも言える。判りやすくするために、話を続けさせていただく。

例えば、マンションの一室で生活しているうちに、どうも近頃家ダニが湧いて来たらしい、衣服に付いたり布団に付いたりすると厄介だ、夜も痒くて寝づらいし、大変だ。近頃良い薬が出ているそうだ。という訳で市販の薬で殺虫化学処理したが、又或る時期が来ると出て来るようになり、他の虫も出て来るようになる。

畳が悪いのなら、床はフローリングにしたり、部屋を清潔に掃除を徹底して、更に布団を太陽の光で乾燥させたりして、根本はダニの住めないようにする、又ダニの食べ物をなくすことが、必要である。

ネズミがいる家庭は、ネズミの食べ物をなくせば、ネズミはいなくなる。ネコいらずでネズミ退治するより、確実である。

何故、こんなわかり切った話をするかというと、人間の健康にも当てはまる事例だと思うからである。

出来るだけクスリを使わず、血液を綺麗にしていく方法を取る、健康とクスリの原理によって世界が救われる。これこそ、お金のかからない健康法なのである。

現代の医学によって生まれた犠牲者は、大変なものだ。かけがえのない命を失なう、それに加えて経済負担。今の時代、神の救いによって助かる人間の、自然治癒力は目を見張るものがある。

自然治癒力に目覚めよ。

私事で恐縮だが、私の姉も結核で、しかも三十三歳の若さで亡くなった。続いて、姉婿も胃潰瘍の病気で他界した。今なら救えるのにと思うと、残念でならない。

数年前の夏の話だがテレビ大阪の確か「素晴らしきドケチ家庭〝涙涙の借金地獄〟」というような題名の番組での話であるが――。

長崎の方で、食堂を真面目に経営。借金苦の中で、爪に火を灯すような生活。借り入れその他で、生活費が十万円。家族構成、夫婦二人に女の子三人、食事もママならない。その上、どんな病気か子供達の病院費が、一万五千円……。ああ何と厳しい、奥さんの化粧代も……。ご主人の思いやりも、限界がある。その時、私はあの人に声をかけてあげたいと、痛切に思った。涙なしでは語れない、夫婦愛と一家の平和が続くようにと祈った。この事が判れば、医療費は必要ないのにナァーと、ため息が出る。

健康とクスリの原理を知らない人が、あまりにも多い。孫が十四人もいるが、毎日の医療費は月にしてゼロ円、医療にお金を払ったことがないのである。（歯の治療費は例外）

私も病気がちで、結核と胃潰瘍で三十歳まで苦しんだが、以来四十年病気知らずである。

大変な奇跡だと、いつも神に感謝している。

医薬の功罪の是非を言う前に、この現実を世に問いたいと、叫びたい気持ちでいっぱいである。

世の中は、明らかに変わろうとしている。今から、現実にある姿を思い浮かべて、答えを、貴方自身に出していただきたい。

名古屋の代表的な長寿者の、きんさんぎんさん。笑い話に、病院に診察をして貰いに行こうと誘ったら、確かぎんさんだったか、走って逃げたという話を、聞いたことがある。世の中に、神が示した姿だとも受け取れる。何とも愚かなものよ。これでも目が醒めんのかと、声が聞こえる。

次のA案・B案の二つの中から、答えてみていただきたい。

A　薬を飲まないから、丈夫。丈夫だから、薬を飲まない。

B　大体薬を日頃飲んでいるから、丈夫ではないですか。貴方みたいに、薬を飲まないで丈夫と言うのは、間違いです。

AとBと、どちらが正しいのだろう。

クスリといっても、保健剤の「栄養補給」は、別と考えていただきたい。

この考え方次第でこれから先、貴方の健康はAとBとでは、大変な違いが出て来る。敢えて答えは出さないが、後の項を見ていただいたら、充分理解が出来る。

今から健康と薬の原理について、お話をさせていただく。次元の高い話になるが、わかれば極めて簡単なことである。

例えば、ニュートンはリンゴの落ちるのを見て、引力の法則を発見したというが、気がつかないでいると、物の落ちるのは当たり前の話で、何も不思議ではないのであり、彼が法則を発見したのは、頭をフルに回転して、地球の引力の問題に取り組み、考えに考え抜いた末の出来事であったことには間違いない。

引力に関心がなかった頃は、リンゴの落ちるのを見ようが、彼の心には引力の法則を解くアイデアは、全く浮かんではこなかったということだ。

もう一つの事例は、アルキメデスの原理。彼は古代ギリシャ最大の物理学者、数学者、技術者であった。

ある日、彼はシラクサのヒエロン王から、王冠が純金かどうかを調べるように命じられる。

王冠をつぶして調べるのなら簡単だが、王冠に全く傷を付けず外部からその純度を知るのは、魔法使いでも難しい相談だと、さすがのアルキメデスも頭を抱えた。

日夜、どうしたら良いか考え続けたが、どうにもアイデアが浮かばない。すっかり疲れたアルキメデスは、とにかく風呂へでも入って、気分転換を図ろうと思い、ザンブと湯の中に身体を沈めた……。ズーッと足を伸ばして身体を反らした。

その時、彼は自分の身体が、湯の中で軽くなっているのに気がついた。すると、天啓のようにアイデアが閃いたのだ。彼は真っ裸で部屋に駆け込むなり、そのアイデアの実験に取りかかって、見事に王冠がニセ物であることを見破ったという。

そのアイデアは、後にアルキメデスの原理と言われた。浮力の法則で、今でこそ中学生でも知っている常識だが、王冠をつぶさずに、それが純金かどうか、言い換えると、私達に健康をもたらすはずのクスリが、果たして純金かどうかを世に問いたい。

続いて健康の原理、自然治癒力が体内から毒素を排出する法則。二十一世紀には、学問的に立証する学者が出て来ることと思う。

もう一つの事例は、私達の身体は使わなかったら、「自然治癒力」が、退化していくという話である。

アメリカで九四年に大統領になったレーガン氏は、有名なアルツハイマー病であった。

この病気についての話をする。私達は、誰でも老いていく。痴呆症は考えたくもない病気だが、少し関係があるので紹介する。

人間も第一線で活躍をしている間、現職というか、働いている間は頭脳は働き続けるのだが、一線を退いて食べる事と寝る事だけの暮らしを繰り返して、それ以外に何の関心もない生き方を続けていると、人間の頭脳は退化するという説得力のある事例。

一九二〇年インドの或る地方で、狼の洞窟から二人の女の子が発見された。どうした理由で狼の群れに入ったかは、はっきりしないが、赤ん坊のときから人間との関係を持たず、狼の中で育ったものと推察された。

一人は八歳くらい、一人はもう少し小さかった。二人共人間を恐がり、四つ足で歩き走る時も手を使った。昼間は眠り、夜中になると吠えるような声を出したという。鼻や耳は狼と同じように鋭い感覚があり、牛乳や水を与えると猫や犬のようにピチャピチャと舐めた。

小さい方は翌年死んだが、大きい方は教育を受け、しだいに人間らしさを取り戻した。しかし、六年たっても、四十くらいの言葉しか覚えられなかった。

つまり十六歳で、たったの四十の言葉を理解する能力しかなかったのである。その後ようやく、六歳の子供並みの言葉が話せるようになったが、一九二九年に十七歳で死亡した。

食べる事と寝る事だけの繰り返しでいると、人間は確かに退化していく、それは年齢に関係ない、ということを強調しておきたい。

世界の秘境の長寿村を訪ねての秘密の中には、百六十歳になっても呆けずに元気で働けるのは、やはり暮らしの中にクスリがなく、いつまでも年相応に働くことで、心身共に健康で過ごせる、ということがある。


次に、現代風に健康の七つの法則として、ある生命保険のパンフレットの中味だが、大変良いプランなので紹介する。

特に五十歳以上の方なら、理解しやすいので、判断の材料になると思う。

貴方の健康習慣は？　幾つ守っていますか。（社会保険出版提供）
一、睡眠時間は、七―八時間。　はい―いいえ
二、朝食はほぼ毎日取る。　はい―いいえ
三、間食はあまり取らない。　はい―いいえ
四、体重は標準である。　はい―いいえ

五、運動、スポーツをしている。　はい―いいえ
六、酒は一日二合以下である。　はい―いいえ
七、タバコは吸わない。　はい―いいえ
私なら、もう一つ加えて、
八、食事は、バランスの取れた食事。はい―いいえ

この中で、六つ以上守っていれば、
四十五歳の男性の平均余命は、三十三・一年。女性は三十五・八年。

五十五歳の平均余命、男性は二十五年。女性は二十七・八年。

六十五歳の平均余命、男性は十七・四年。女性は十九・九年。

七十五歳の平均余命、男性は十一・二年。女性は十二・五年。

となっており、これはあくまでも目安だが、毎日の運動だけでも大変効果があると思われる。

病気の原因は総て、血液の汚れからということが言える。日頃から浄血の方法が取れれば、それが一番良い方法なのだ。

## 三　結果と常識

今の世の中は、常識では判断出来ないことが多い。常識と結果、私達の周りの出来事を、良く観察すると学ぶことが多い。

私事で恐縮だが、父親は高血圧症、脳溢血で五十六歳で死亡。私が三十一歳の時であった。その又父、私から言うと祖父は、長崎県壱岐の島の那賀村の村長をしている時、四十二歳で父親と同じ病気、脳溢血で死亡。

良く聞く話だが、生命保険に加入する時に、診断される際に聞かれる言葉の中に、遺伝について、お父さんは何で死んだか、お母さんの死因は何ですかというのがある。

これは常識だから、この常識でいけば、五十代か、六十代に私は脳溢血で死ぬことになっている。私は現在七十一歳で、血圧の心配は全くない。

何故なら、血圧の上がらない生活をしているからである。具体例を二、三挙げるので理解して欲しい。父が死んだ時、自分はこの病気では死なないような生き方をしていたからだ。この簡単な理屈がわからない人が多い。

私は自分の健康については意識して、定期的に血圧を、体調が正常な時でも計っている。限られた紙数なので省略するが、自然治癒力である。血圧の浄化を常に心掛けている。更に血液の素材となる食事を、肉食をする場合もあるが、菜食中心の食事でバランスが取れるようにして、便秘しないことで切り抜けている。

何故、何故と追求して、それなりの生き方をすることだ。これだけ医学が発達しても、この簡単な理屈を研究する人は少ない。

次の例は、このところ良く見受けられる悲劇的な話だ。

私の親しい友人でAさんの話だが、平成二年の秋に四十八歳で胃ガンで亡くなった。高校生が二人、中学生のお子さんが一人、これから学費その他でお金が要る時に亡くなった。充分な医療と手当の甲斐もなく、一家の大黒柱が倒れる。これくらい心痛めることもない。その上、死の直前本人が痛みに耐え難く、意識もしっかりしている間に、奥さんと子供達にお別れをして、医者による依頼死を選んだ。その経緯を聞いて、世の中にこんな悲惨なことがあるのだろうかと、心の痛む思いがした。

無情の風は、時を嫌わず若い命を病気で奪ってしまう。が、この話には、まだ続きがある。

そのAさんのお父さん、お母さんはご存命なのだ。今でも八十六歳とかで、お元気にお暮らしである。順番からすれば、お祖父さんから、その子供のお父さん、次に子供と死ぬ順番が本当だが、今の世の中こういう不幸が多い。

何故か。一九九八年度の、死亡原因の三三パーセントががんであるという資料が公表されている。Aさんの例でもわかるように、お年寄りが元気なのにその子供ががんで亡くなる。その結果は先程の話とは逆になっているが何故――。

私が言いたいのは、気がつかずに生きているということだ。そこには原因がしっかりとあって、生き方を変えるしか道がないのである。

私の話に戻るが、私は父が脳溢血で他界した時、二度とこんな思いを子供達にはさせたくないと、世の中の無情さを痛い程味わった。私は、しっかりした救いを求めたかった。

その時の選択は、間違っていなかったのである。病気を苦に自殺を遂げる人が絶えない世の中で、この救いの秘密を是非掴んで欲しい。私はお金が無くとも、どんな土地に放りだされても少しも怖れない。

以下に私が体験した事、実行した事を書かせていただく。最後まで到らぬ文章だが、読んでいただければ、必ず貴方の健康生活に、お役に立つと信じている。

# 四　頭脳革命

私が言いたい頭脳革命については、読者の方の心の準備が整っていない内に、いきなり話すのも失礼極まりないと思うが、お許しいただきたい。

現在マイナス思考の極限の状態で言えることは、「現代社会の行き詰まり」を解く鍵は、松下幸之助氏の言葉で言えば、「商売の神様の教えにもう一度戻り、初めからやり直しなさい、道を間違えた時に違った道でウロウロして、深く道に迷うより元の道まで戻った方が、或いは早道になる場合がある」ということになる。

つい最近、『大河の一滴』なる五木寛之氏の本を読んで少なからず感動もし納得もしたが、結局は終末論として、諦めるしかない、覚悟して生きなさいということだと知って、心の落ち着きを得た。しかし自分としては、書物の中の寛容（トレランス）の薦めで、日本人は今、何かを必死で求めていることが判る。自分たちが生きて行く上での、確信のようなモノ、生きて行く支えになる強いバックボーンが欲しいと思っている。

それを求めて皆が模索しているが、まだ見つかってはいないのだと、私は思う。そしてそういう希求に対する、一つの非常に素朴な返答として、とにかく自分だ、自分の生活、自分の家族、それから個人個人の健康的肉体だということになるのは、凄く良くわかる。特に個人ということを考えると、目には見えない精神よりは、わかり易い肉体を何とかしようという訳で、今や大変な健康ブームだ。しかし私の考えでは、そもそも健康などというものは幻想に過ぎない。過去の幻想が壊れた後で、新しい幻想を次から次へと持ち出して、試してみようという悪あがきではないか。

健康もその一つだということです、とあるが、この中に一つの真理が含まれているのは事実で、全くその通りだと思う。

私が言いたいのは、現代科学、医学での行き詰まりの、方向性を変える必要があるのではなかろうかということである。

そこで先程触れた、商売の神様、松下幸之助氏の提案に戻る訳で、行き詰まって道に迷った時は、原点に返ることだと、言うに易く行うに難し、という言葉通りで何かと大変だが、健康についてはこれが真理だと思う。

人間は元々健康の器と言い、神がこのようにお創りになっている。人間の身体を如何に創造主が強靱に創られたか。それを物語る一説として、キリスト生誕前、旧約聖書ソロモン王栄華の時代の名言に、こうある。

「汝ら神と富に、兼ね使うる事、能わず。

この上に我、汝らに告ぐ。

何を食らい、何を飲まんと、生命の事を思い煩い、

何を着んと、身体の事を思い煩うな。

生命は糧に勝り、身体は、衣に勝るならずや。

空の鳥を見よ。

播かず、刈らず、倉に収めず、

然るに、汝らの、天の父は、これを養い賜う。

汝ら、これよりも、遥かに優る者、為らずや」

と、素晴らしい名言である。

何を食らい、何を飲まんと、生命の事を思い煩い、何を着んと身体の事を、思い煩うな、生命は糧に勝りと。重複するが、それ程の名言である。何を食らい、飲まんと、生命の事を思い煩うなと、健康は約束されているのだ。

ダビデ王を父に持ち、当時の華やかさが目に浮かぶようだが、古い文書文献によれば、健

康の心配はなかったように思う。理解し難い話なので、又別の、もっと具体的な話を聞いて欲しい。

不老長寿の国の献立、精神異常者の多い国の献立というものがある。

このお話は、我が国自然医学の最高権威、森下医学博士著の『クスリをいっさい使わないで病気を治す本』から引用させていただいたが、この経験は大変貴重なものであり、この事がわかればどれだけ、経済的に救われるか計り知れない。実際に体験した話の中から、取材した記録である。

ここで、インドの国立栄養研究所で、イギリス人栄養学者によって行われた実験を紹介する。

その実験の結果から、どんな食べ物が私達の健康に寄与するかを、正しく知っていただきたい。

ネズミを千匹くらいずつ、A、B、Cの三つのグループに分け、生まれ落ちてから二年七カ月の実験期間中、与える餌をそれぞれ変えて飼育してみた。そして、ネズミの中にどんな病的変化が現われたか、を調査したのである。

Aグループには、フンザ食を与えた。パキスタンの最北端の山岳地方に位置する国、フンザは不老長寿の国として有名であり、そこに住む人達は大体百五十歳くらいの長寿を全うしている。

彼らの主食は、チャパティと言って、小麦を石臼で挽き、その粉を缶の中に貯蔵しておき、食べる分量だけ取り出し水で練り、棒で大きく広げ焼いて食べる。ここで大事なことは使用している粉は、精白しない玄麦の粉であること。チャパティ以外は野菜を副食にして、果物を少量食べる程度、肉食はしない。即ち、典型的な穀菜食性の食べ物を、ネズミに与えたのである。

Bグループでは、インド食を与えた。インド食の主要食材は、穀物と野菜と肉、香料などである。

Cグループには、洋食を与えた。これは精製粉で作ったパン、ハム、ソーセージ、バター、チーズなどである。ネズミの二年七カ月というのは、人間の年齢では五十六歳に相当するという。この時点で動物を全部解剖し、頭の先から尻尾の先に到るまで、顕微鏡で調べた。

その結果わかったことは、フンザ食を与えたAグループのネズミは、唯の一匹も、一カ所も病的な変化は認められず、一〇〇パーセント完全な健康体であった。

この事は、大変に重要な意味を持っている。深く味わうべきだ。事実、フンザ食をしているフンザの人々は病気というモノを知らず、健康体で天寿を全うしているのである。

インド食を与えられた、Bグループのネズミの場合は、ほぼ半数に近いネズミに、病的な変化が現われた。その中で特に多いのは、胃腸の炎症、肝臓、腎臓の病気、それに虫歯に罹ったり、脱毛をするという病変を起こした。

インド食は、一口で言うと肉と野菜を半々に組み合わせたものである。現代の日本人の食生活は、Bグループに最も近い。今の日本人の食生活が続く限り、胃腸の炎症、肝臓、腎臓の病気から免れることはない。ここに書かれている通りの現象が起きている。

交通事故の死亡者を解剖した結果、かなりの数字で、肝臓、腎臓の病気が進んでいる。半数以上は間違いのない数字である。

洋食を与えられたグループの場合は、一匹の例外もなく、Bグループのネズミの半数に起きた病変のどれかを引き起こしていた。ひどい例として、一匹のネズミに胃腸炎症、腎臓、肝臓の病変が集中的に起こっていた。

そのほとんどに、精神異常という極めて特徴的な現象が見られた。ネズミの体質によっては腎臓、肝臓が早々に痛んでしまい、その弱ったネズミを元気なネズミが、寄ってたかって食いちぎってしまう、いわゆる共食いを始めたのだ。これは、Cグループのみに認められた現象で、二年七カ月たったときには、二割のネズミが減っていたという。

この実験の結果を、ネズミだけに見られる現象だと、割り切って考えることは出来ない。世界の情勢を見渡すと、人間社会にも、ピッタリ当てはまることがわかるからである。精神異常の一番多い国は、肉の消費の一番多い国であり、反対に最も少ないのは比較的菜食をしている国である。

更に私なりに、意見を加えるならば、クスリの使用量の多い少ないでも、見られる傾向である。何か私達にとって、日々あまり気にかけないでいる食生活、健康という大変大事な要素を気にしないで生きて行くには、難問の多い世の中であると大変考えさせられる話だった。

フンザと言えば海外の国で、馴染み薄いことのようだが、日本の国で卑近な例としては、昔から語り伝えられている、平家が源氏との戦いに敗れて逃れて、これ以上は追いかけて来れない山奥のような所に住み着いたというそんな土地での話になる。

私自身ある事情から、奈良県西吉野村の赤松百谷という所を訪ねたことがあるが、今でも平厚盛という昔の武将にちなんだ名を名乗り、昔は高い地位にあった人々の名残が感じられる所である。病人が少なく、健康的であるように思える土地であった。

訪ねた当時見た、或る一軒の状況は今でも鮮やかに覚えている。確か近くの五條市は、柿の葉寿司の名産地で、その農家が夜遅くまで、家族全員で柿の葉を一枚一枚丹念に、布で汚れをふき取って百枚くらいに束ねていた。夜の八時は過ぎていたように思うが、その勤勉さには心を打たれた思いがした。あの付近は柿の産地で、先祖が山の斜面に、豊かな生活が送れるように植えられたものと聞いている。

日本の各地に、例えば九州では宮崎県東臼杵郡椎葉村や、岐阜県の高山平川村だとか、まだまだ他にも沢山あるが、その中で栃木県の日光の近く西川という所を紹介したいと思う。

この取材は今から、約四十年前くらいだと聞いている。何でも平家が此処に永住を求めて住み着き、当時の人数が三十人ばかりで、どちらかというと隠れて逃げ延びたというような状況で、何処まで行っても追って来るので、もうこれ以上入って来れない程の、山奥に入って行ったのである。

最初は何を食べたかというと、野老（ところ）の根を食べて、命をつないでいたのである。あればかりで生きていたということは、その生命力の強さに感服させられる。それから後は、米を作ったりして来たようだが、当時人口九百人で、戸数が六百だが、そうするとはじめの三十人がそれまでに増えた人数となる。ということは、その地で血族結婚を繰り返していたということになる。その村に宿を取り、宿屋の娘から話を聞くと、そこに住み着いて四百五十年近くたっているが、全く病人がいないというのだ。無論山の中だから、そこに行くのに吊り橋とか何とかで、危険で医者も来ない無医村な訳である。再度病人はいないかと尋ねたら、病人らしきものが一人いる、九百人の中の一人だと言う。その人はあんまり酒を飲み過ぎてヨボヨボになった爺さんで、他にはいないと言う。

そこの宿屋の主人は、村長もしているし、私設裁判所みたいなこともしている。話が長くなったので、縮めて結論から言うと、健康であれば争いも少ない、また頭も良いと言われる。何しろ病気を見たくても病人がいないのである。国で決められた予防注射、チフスの注射をしに医者が来ると、村中大騒ぎして山の中に逃げて行く。その危なげな吊り橋を渡って村まで四里あるということは、十六キロ程あるので、人は滅多に行かない。それに文明人は何かあったら、平気で薬を飲む。強い薬を沢山飲んだから快復したというのが現代人である。

或る人が言っていたが、薬が効くものなら、病人はなくなっているはずだと。それも真理である。山奥の人や医者にかかれない、薬も飲めない下層階級の人や、又全然何も知らない人は、薬を飲まないから身体が弱くなっているはずだ。ところが現実は薬を飲まない人の方が健康なのである。

人間の自然治癒力に従っている生き方が、理にかなっているのである。

最近まで話題になっていた、長寿で健康の代表みたいな方、愛知県の名古屋だったか、きんさんぎんさんの生き方をちょっとしたことで学ばせて貰った。病院で診察をと言ったら、注射が怖いと言って逃げ出した、という話である。医者嫌いが徹底しているのだ。薬を飲まないから健康で、健康だから薬は飲まないという人が沢山いる。先程もテレビの健康に関する番組で、視聴者の中から五十四歳の奥さんを選び、電話での健康相談をやっていた。主人を肝臓の病気で亡くし、四人のお子達の中で三女だけが元気で、後の三人共マルハン病とかで、長女は十時間以上の時間をかけて手術したが、それでも治らず亡くなり、後の残った子供達もその死に到る病気に冒され、これからどう生きて行ったら良いのかと、パネルディスカッション形式で公開していた。こんな時、どんな慰めの言葉をかけたら良いのか、それでも明るく生きて行きなさい、としか言いようがなかった番組だった。何か新しい病気とかで、そんな傾向で後から後から、得体の知れない病気が出て来る昨今である。

病気に罹ってから、ああでもないこうでもないと議論するより、予防医学と言うか、病気に罹らない生活をしたい、それは何か。これはテレビで見たり聞いたり、又周囲の身内で良く耳にする話題である。

年間二十九兆円もかかる医療費。この内、国民の患者負担分が、三兆九千百二十一億で約十三・六パーセントになる。

前年度比の十七・七パーセント増で過去最高の伸び率となる。この調子で伸びて行けば大変な事になる。数字的なことはこのくらいにして、私達が健康で、長寿を全うすることについての現実はどうだろうか。

この世に生を受けて地位も名誉も得て、財産も築き、欲しいモノで手に入らないモノは無い。が、如何なる手段を講じても自由にならないのが命、天寿を全うすることは出来ない。どんなに金を積もうと、命はお金では買えないのである。しかし日本人は世界で最も平均寿命が長くなり、世界一の長寿国になった。

日本人が長生きに情熱を燃やした訳でもなく、又それだけ健康に注意したお陰での長寿でもないと思う。

日本人の食生活が、これだけの数字を残したものと思われる。昔の日本人はタンパク質やコレステロールの取り方が不充分で、現在ではその点が西欧に近づいて来た。

日本独特のお米を中心にした食事で、豆腐、納豆、味噌、醬油に野菜を豊富に取り、特に根菜類、大根、人参、芋類とこのようなメニューと非農薬で行けば、世界的に恵まれた長寿国になり得る。が此処で喜んでばかりはいられない。確かに寿命は伸びたが、半病人が多いということ、特に腎臓、肝臓の病人が多いということは先の項で触れたが、長寿国の仲間入りをしたとは言え、四十七万人の寝たきり老人と、九十六万人の老人性痴呆患者を抱える日本は、今苦悩の最中にある。

そこには膨大な医療費の内、老人医療費が三十三パーセントにもなるという数字。新たに介護法等経済的負担と、精神的にも重なる種々雑多な難問を抱えている。

特にこのところの日本経済は、日本沈没かと言われる程の、地獄的様相を深めているのである。

日本も歴史的に見て、明治維新からひたすら西欧文明に追いつき追い越せで今日まで来た。科学は試験管で人間を造り、更に内臓の交換等命の継ぎ足しも出来るようになったが、根本的に見て痴呆の解決には至っていない。

お叱りを受けるような話になるが、今更原始に帰れとは言えないが、クスリの無い国造りは出来ないものであろうか。

西欧文明の科学一辺倒の世界は、行き詰まりの状態だ。有名な人で、名前は出せないが、ボタンの掛け間違いだということを言っている。

言い換えると、進み過ぎたと言った方が適切かも知れない。

悪い結果を作って、クスリで抑える。本当は、予防医学が先行すると、人類はもっと幸せになるのかも知れない。いまでも、ブラジルのアマゾン河流域に住んでいる原住民の一部では、文明化するのを極度に嫌う部族がいる。原始そのままの生活を送っている部族は、直感的に文明の反面を知っている。


次は私の体験談を、お話しよう。

今から四十年前に、様々な無知から姉と父、続いて祖母と二年の間に大事な人を亡くし、哲学でも何でも良い、この世の中の無情さが理解出来るものを求めていた時のことである。

妻が天王寺駅近くの鳥潟病院に看護婦として勤めていた時に、良い観音様の救いがあるからと、ご縁をいただきそれから今日まで続いているのである。

その体験的世界観は、当初理解出来ないものだったが、教えに従ったことが大きな救いに繋がった訳で、先ずその病気の原因から説いてみよう。

病気の原因は血液の汚れがその根本であることは、我が国自然医学の最高権威、森下医学博士の意見と全く同じである。私達、教祖様の教えは、病気は大半が浄化作用と説いている。

わかり易く説明すれば、風邪など程度にもよるが、一番良い状態の血液にするために綺麗にする浄化作用であり、薬で止めない方が良いと説く。となると医学とは全く正反対で、熱が出ても下痢をしても、総てがこれ浄化作用で、体内毒素の排泄作用として、それを繰り返すことで今日の健康を得たと確信している。風邪を引くことによって、健康になって行くという理屈には、納得出来ないと思うので、他人の言葉を借りて説明をしよう。

映画俳優の川津祐介さんが書いた『超能力健康法』の不思議な体験の中で、風邪の原因つまり風邪を引くということは、身体を冷やしたとか、バイ菌を吸い込んだとかいうことのために起こるのではなく、まず風邪を引くことで身体の調整をする、「身体の或る状態」が風邪以前に出来上がっているということが、前提にあるのだ、と解説している。

私に言わせれば、「血液の濁りで、わかりやすく言えば、肩が凝ったりして体調が良くない、そこで風邪を引いて熱を出したり、汗をかいたり、鼻水が出たり、痰を出したりして、血液の浄め作用が出来て来る。それを止めないで上手に、汚いモノを出し切った時、それだけで浄血が出来た訳で、これを浄め業というのである」ということになる。

これだけ理解出来ただけでも、大したものなのである。

今度の話は、十五年程前或る大病院の婦長さんから聞いた、尊い体験談である。

結核患者の病棟がA棟とB棟に分かれていた時の、治療体験話である。A棟の患者は風邪を引いた時に、直ぐ手当をして止めるが、B棟の方は、風邪を引いても治療をせず、薬も使わずに風邪の進行を妨げない方法を取った。半年一年とたつうちに、B棟の方からの結核患者の治療成績が良く、退院して行く。いわば全快に向けての結果が出てきて、風邪の効能と言えばおかしな話だが、私共からすれば当然の結果と言えるのである。

私も三十代前半まで、結核と胃潰瘍に苦しみ、この病気とは一生の付き合いだと諦めていた。先程の話の通り病気は、浄血、浄化作用であり、毒素や「老廃物」の排泄によって健康体になったのである。

身体の総ての細胞は、血液によって養われているから、血液が酸性化すれば、細胞の機能障害が全身に起こり、色々な病気が現われることになる。

私達が住んでいる所で、環境汚染、薬物乱用、化学物質の含んだ食品、その他の理由によって、日本人全体の体質が急激に悪くなって行くような状況が生まれている。

ここ最近の交通事故死した方の司法解剖の中に、肝臓に異常のある人がかなり見受けられるという。

私達は現実を直視して、この時代での生き残りを賭けて、身体の浄血、浄化作用を受けながら体調を維持して行く時が、来ているのである。

後の項で、このテーマについて詳しく説明する。

## 五　健康と長寿の国・フンザ王国

私達の住んでいる世界は、悪いように聞こえるかも知れないが、安心して住める社会だろうか。

最近でも神戸に地震があった。平成七年一月十七日の大震災はいろいろな意味で大変ショックだったと記憶している。

地震国である日本ですら、あれだけの破壊力がある地震は、想像すら出来なかった。確かに関東大震災以上の震度があったとしたら、当然だと言う人がいるかも知れないが、阪神高速道路のあの破壊状況を見た土木工学界にある最高の方々が、アメリカのロサンゼルス地震のおりの、高速道路の破壊状況を見て、日本はあのようにはならんと豪語していたことを思い出した。比較的新しい建築でも、見事に破壊され尽くされていた。

何が言いたいのか、というと関東大震災以来、次々に起こる地震で建築の耐震精度を改良し強度を上げて来たにもかかわらず、あの破滅的状態が発生した。

色々な意味で、人間が考えて行動して来たモノにも、甘さがあるということである。

そこでこの本題に戻るが、私達の健康に大きく影響する、食生活はどうだろうか。見た目に美しく、そして美味しく食べるのは良いのだが、着色料、調味料、添加物、防腐剤、更には野菜その他に付着した農薬、化学肥料、そしてブロイラー、その卵、養殖の魚等…。限りなく飽食時代と言われる現代。或る程度は皆仕方がないと思いつつ、食べているその食生活にも、現代人の健康状態を考えるとこのままで良いのか、大変不安になる。

安心して食べ続けていって良いのであろうか……。

別の声。今までみたいなことを続けてはならない。

少し質素になっても良いから、健康に良いモノを食べることを考える時代が来ている。

先程の地震みたいに、脆くも崩れ落ちるのではないか。

私達の未来を、子供や孫の時代、後の人のことを考えると、終戦後の五十年の間に食生活は悪くなった。特に肉食の時代に入ってからの、日本人のがんでの死亡率の増加は驚異的だ。肉食をするなら野菜の量を多くしてバランスを取ることをお奨めしたい。

飽食の時代と言って喜んでばかりいられない。物質文明の悪い面もここまで来ている。素人に何がわかるかとのご批判にも敢えて耐え、申し上げる次第である。

生活の智慧ということで、結果の出ている所を良く理解していただくために、話を続けてみたい。

日本ではなしに、世界的なとでも言うべきか、長寿と健康の国が幾つかあるのだが、その一つをご紹介しよう。

隠された秘密とでも言うのか、知らない人の多い国、長い間のナゾであった世界三大秘境の一つ、文明のかけらも見られない所に、生きて行く上で大変大事な健康と長寿の理想郷が、地上の天国とでも言うモデルがあるのである。

世界三大長寿地帯と呼ばれているその一つ、パキスタンの最北端の山岳地方に位置する国、フンザ王国の不老長寿はあまりにも有名である。

そこに住む人達はどのような暮らしをしているのであろうか。世界の理想郷とすれば、そこにはどのような秘密が隠されているのか。

日本テレビの五人の取材班が実際に、一九八二年の九月に現地を訪ねてのレポートの中から学んでほしい。

長寿地帯の神話と伝説をはぎ取り、きっとその素顔を捉えることが出来るはずだ。曰く、私達はあらゆる角度から、その素顔に迫りたかった。自然環境は？　社会は？　家族は？

食生活は？　セックスは？　労働は？　喜び悲しみは？　そして人生への希望は？と、取材とその研究班の貴重な資料を、ご紹介させていただく。

当時の日本でも長寿国の仲間入りをしたとはいえ、四十七万の寝たきり老人と九十六万人の老人性痴呆症患者を抱えて、苦悩の最中にあった。老人達は決して「良い環境」にはなく「心身ともに元気溌剌」で生きていないのが事実であった。長寿の理想を求め、老人の幸福を考える方々に、取材報告が少しでも役立つことを願って五人のクルーは、世界三大長寿地帯に旅立った。

このフンザがどうして出来たか。若干の説明を要するのである。

アレキサンダー大王のアジア遠征の帰りに、戦いに病み疲れた兵士達が、戦いのない国目指して、奥深いヒマラヤ山脈の麓まで辿り着いたのである。これ以上追い掛けて来れない所に、家族を連れて言わば新天地を求めて住み着いたのが、今のフンザという所であったのだ。大変な不自由の中での農耕と果物の栽培で生き延びて来たというのが真実である。

雪を被ったラカポシ山の見える大変美しい村、桃源郷フンザ、どこに長寿の秘密があるのか。空気は透き通り鳥達の鳴き声が周囲にこだまし、フンザの農耕は小麦とトウモロコシが中心であり、それにソバ、アワ等の穀類、タマネギ、ジャガイモ、トマトなど、自給自足の生活で人口はおよそ二万五千人だが、警察も裁判所もない。フンザの人達はとても道徳的なので、犯罪や暴力沙汰などは起こらない。不思議なことに百歳を過ぎても農耕に従事し、羨ましい程健康である。空気が綺麗なこと、精神的にストレスがないのと、犯罪や争い事が全く起こらない、小さな国なのである。

何故健康で長寿の村なのか、一番大事なことはフンザの人達の食物で、一口に言えば質素なのである。彼らの主食はチャパティといって小麦を石臼で挽き、その粉を缶の中に貯蔵しておき、食べる分量だけ取り出し水で練り、棒で大きく広げて焼いて食べる。

ここで大事なことは、使用している粉は精白しない玄麦の粉であること。野菜を副食にして果物を少量食べる程度。肉食はしない。

即ち典型的な穀菜食で、他には池等で取れた山魚の食事だそうだ。

この話の中からは全くの自然食で、農薬だとか、食物への薬品だとか添加物は全く見られない村と言った方が適切かも知れないが、昔流の生き方を好んでおり、文明との交流もどの程度かハッキリしないが、察する所自然環境の中での生活は、やはり長寿、健康には大変大事であるということには変わりない。

フンザでは九百六十年の間の繰り返しの中で、自然を大切にしたことが、長寿健康に繋がったということを学ばさせて貰った。

なぜこの国のお話を取り上げたかというと、私達が住んでいる社会は、色々な意味で人間の欲望の追求を満たしてくれたが、この物質文明にも限りがあるということ。どこで歯止めを掛けるか、確か有識者の方が、今なら間に合うと言われていたが、取り返しのつかない状況が次々と現実化している時代である。

一番大事な健康を犠牲にし、更にもっと大事な未来まで捨てるのか。

遺伝子の問題、劣性化はドンドン進んでいるようだ。確か今の日本でも五百万からの男性に見られる男の性が役に立たない現状は、悲劇的であると思わないだろうか。今この時期に私達は、身体に集中する薬の毒素の排除作用の人体実験に成功しているのだ。そのお話は後にして、今こそ私達は人生がもたらす不幸に対して、その時その時のやるべき事をしっかりやろうではないか。

どうしてもわかって欲しいことなので、くどくなったが、結論は、「救われる道は必ずある」

ということを書いて、この項を終わりにする。

## 六　君はどのようにして神を知ったか

この表現は、いささか神に対して失礼な言葉だと思ったが、今神について本を書くと、八十パーセントの人が抵抗する。神は存在しないことの証明を書けば、本は売れるといったことを聞いた。神との接点は私にとっても、人生観が大きく変わった出来事であった。まさかと思うことが起きたのである。

私の四十年の体験の中での出来事を、お話しよう。私が建築の設計の仕事で、大阪南、大和川の近くの浪速市場の設計の打ち合わせに行った時の事だ。紹介してくれた方は、Nさんという電気屋で、仕事の打ち合わせが済んでお茶でもということで、近くの喫茶店に寄った。その時Nさんは何気なく心配事があると言う。どんな事ですかと聞いた所、親が病気でもう危ないので、喪服を作っておきたいと言うのだ。

「それは大変ですね。どんな具合なんですか」

と聞くと、もうかなり悪く食事も水ものどを通らない、身体はどんどん衰弱して行き、見る影もなくなりました、と言うのである。救いの経験も乏しい私だったが、授かった御力を試してみたい。神には大変失礼であるが、良し、声を掛けてみよう、失敗したらどうしようと考えてもみたが、まずやってみよう。色々の体験を聞いていたので、お願いしてみよう、と決心した。「どうぞ神様に、お取り次ぎをさせて下さい」。病人はNさんの奥さんの実家の母親であった。

お取り次ぎさせてくれるものと思ったが、一緒に行ってもくれない。そうでしょう。最初から信じていないのだから。信じろと言う方が無理なのである。二度三度と訪問したが、どうしても家の中に入れて貰えない。でも喪服まで用意して、覚悟を決めている。

勇気を出して一回だけお祈りさせて下さい、とお願いした。今考えると、怪しげな拝み屋と思ったのだろう。一回だけですよ、と言われ念願成就となったのである。一回だけで断わられることはないと、大決心して家に上げていただいた。

家族も、病人さんを病院二カ所にお願いし、万全を尽くしているのが良くわかった。本人さんは大変辛かったでしょう。モノがのどを通らないのは、本当に辛く苦しい。

一回だけのお祈りで、神様は聞いて下さるか、と思いつつ一生懸命お願いした。

翌日Nさんから電話が入り、牛乳を少しだけ飲むことが出来たという。

「さあ大変や」と教会に報告したら、「連れて来なさい」「いやー、この方が大変や。死にかけている病人やでー」「黙ってお連れしなさい」「この方が大変です」。

その当時のM先生は、言い訳を聞いてくれるような人ではない。当たってみて断られたら、又相談をしよう。

「奥さんを教会にお連れしたいのですが。どうでしょうか」と言うと、「死にかけている病人が」と、家族は反対だった。私がその立場だったら、同じことを言ったと思う。本人に「是非教会にお連れしたい」と言うと、「行く」と言われたのである。「おすがりしたかったのですね」「そうなったら、車でぼちぼちお運びしたい」と車を用意した。その時になると、家族が「死んで帰ったらいかんので」と草履を用意して下さった。後ろの座席に寝たきりで、小一時間、十時頃までにはお連れ出来た。

教会は入り口に階段があるので、車が入らない。十段程の階段を抱いて上がった。お力の素晴らしい先生に、お祓いをしていただき、寝たままでお話を聞かさせていただいた。その内お昼になったので、「食事をどうしますか」と尋ねたら、「食べてみる」と言われた。「恐ろしい事や。有り難い事や。このワシに偉い神様が付いているんや」

死にかけた病人がお昼時、寝ていた身体を起こして、ご飯を食べ出したのである。そして驚くことに、抱いて上がった階段を、来る時に用意した草履を履いて降りだしたのだ。どんなにしても治らない病人が、ご飯を食べて自分の力で歩いて帰る。

この瞬間、私の魂が覚醒したのである。私が救われた此処に、救いがあったのだ。言葉ではない。神は明らかに、証明してくれたのだ。人の話をどんなに聞いても、信じる度合いが違ってくる。

臨済禅の公案に、「百尺竿頭進一歩」というのがある。私の好きな言葉である。これには色々な解釈があるが、「思い切ってやる」という意味に解したい。百尺の竿を登る。遂に竿の先まで、登り詰める。これ以上登れない。そこまで来た時、更に後一歩前に進めよ、と言うのである。落ちるかも知れない、しかしそこには、今までに知らなかった「何か」が、あるかも知れない。だからそこまでやれという風に、解釈するのである。

このような奇跡の話は尽きないが、もう少しお話しさせていただくこととする。

先ず人それぞれに因縁、因業、因果と、色々なモノを背負い、重いモノから軽いモノまであり、カルマの法則と言って、深いモノはそれに合わせた救いが必要である。当初沢山の人に救いの手を伸ばして、色々な体験をした。お救いが順調にいくので、その頃になると責任をもってお救いするからと言い、神様からお叱りをいただくようなこともあった。

今一つは、中でも大変有り難いお手伝いをした後、心に浮かんだことがあったので、お聞き願いたい。

随分古い話だが、こんな事である。

私がまだ駆け出しの頃、バスで会社に通勤をしていた。帰りのバスで偶然隣り合わせに座った席で、顔見知りの色白の美人の奥さんと出会い、お声を掛けると、「今病院からの帰りです」と言う。「何か心配事でも」とお聞きすると、涙をこぼし泣き出したので、余程のことがあるのだと思った。慎重に気を使って聞いている内に、「二番目の子は男なのですが、睾丸を切除する病のことで悩んでいます」とのことだった。

私はいきなり、「お救いさせて貰えませんか」と、声を掛けさせていただいた。もっと良く聞くと、何年も前に、その部分が非常に腫れて既に片方は切除、今あるのは残りだけということだった。

是非にも、お救いをさせて下さいと、お願いしたのだが、何でも主人が宗教に凝っているので、お願いが出来ない。

やはり壁があるのである。

「よし、粘り抜いて解決しよう」と、寒中の冬の寒さに耐えて、外に立ち尽くして数時間。やっと願いが叶って、お祈りが許された。一生懸命祈って、家に帰り、又可哀想な子供のために、神に祈りお任せした。

翌朝奥さんが、声を掛けてくれた。何度も不思議な体験をしたとのことだった。お聞きすると、入院手術するところだったが、朝までに熱と腫れが引いたとのこと。願いを聞いてくれた神。救われた方の嬉しさにも増して、お取り次ぎをした私には、それ以上の喜びであった。

私のそれからの行動は、次から次へとお救いの手を広げていった。お誘いした方も、次々と御守護が授かり、仲間が千人を超えるようになった。

私の直接の体験は、まだまだ沢山ある。

もう一つの体験は、クリーニング屋のご主人のことである。

身体を悪くして、仕事が続けられなくなり、一時期仕事を休み、経営難になり廃業してしまった。が、生活が出来なくなり、建築の労働の仕事についた。そして馴れない仕事の高所作業に従事していた時、足場から落ち大怪我をしたのだ。以後病院で治療してもはかばかしくなく、寝込んでしまったのである。家の月々の家賃も払えない状態の時、確かYさんと言ったと思うが、素直な方で最初からお願いしたいと申し出て来られた。

私も建築関係の仕事をしながらお訪ねして、お祈りをさせていただいていた。娘さんが

恐縮ですが
切手を貼っ
てお出しく
ださい


112-0004

東京都文京区
後楽2－23－12

（株）文芸社

ご愛読者カード係行


| | | | | |
|---|---|---|---|---|
| 書　名 | | | | |
| お買上<br>書店名 | 都道<br>府県　市区<br>郡　書店 | | | |
| ふりがな<br>お名前 | | | 明治<br>大正<br>昭和　年生　歳 | |
| ふりがな<br>ご住所 | □□□-□□□□ | | 性別<br>男・女 | |
| お電話<br>番　号 | （ブックサービスの際、必要） | ご職業 | | |

お買い求めの動機
1. 書店店頭で見て　2. 当社の目録を見て　3. 人にすすめられて
4. 新聞広告、雑誌記事、書評を見て（新聞、雑誌名　）

上の質問に1.と答えられた方の直接的な動機
1. タイトルにひかれた　2. 著者　3. 目次　4. カバーデザイン　5. 帯　6. その他

| | |
|---|---|
| ご講読新聞　新聞 | ご講読雑誌 |

文芸社の本をお買い求めいただきありがとうございます。

この愛読者カードは今後の小社出版の企画およびイベント等の資料として役立たせていただきます。

| |
|---|
| 本書についてのご意見、ご感想をお聞かせ下さい。<br>① 内容について |
| ② カバー、タイトル、編集について |
| 今後、出版する上でとりあげてほしいテーマを挙げて下さい。 |
| 最近読んでおもしろかった本をお聞かせ下さい。 |
| お客様の研究成果やお考えを出版してみたいというお気持ちはありますか。<br>ある　　ない　　内容・テーマ（　　　　　　　　） |
| 「ある」場合、弊社の担当者から出版のご案内が必要ですか。<br>希望する　　希望しない |

ご協力ありがとうございました。


〈ブックサービスのご案内〉

当社では、書籍の直接販売を料金着払いの宅急便サービスにて承っております。ご購入希望がございましたら下の欄に書名と冊数をお書きの上ご返送下さい。（送料１回380円）

| ご注文書名 | 冊数 | ご注文書名 | 冊数 |
|---|---|---|---|
| | 冊 | | 冊 |
| | 冊 | | 冊 |

おられたのだが、貧困の極みか次々と家を替わられて、狭い三畳の間の生活で、何時もリヤカーの中で休んでいる状態だった。

生活の中心になる柱の人が、仕事を何カ月も休んでいたら、経済が行き詰まって来るのは当然である。

寒い時だったが、布団もないので夜暖炉みたいな所で、焚き火をして過ごしていた。私は家から布団を届けたりしながら通った。四、五日通った頃、私は不思議な体験をしたのである。

小さな洗面器に水を、半分近く出したのだ。これは食べたモノとか、飲んだ水を吐いたのではない。

おりものが下りたようで、生き返った表情になり、大変感謝された。手を差し伸べていなかったら、確実に転落していっただろう、との思いだった。ダメな人もいるかも知れない。しかしこのように、立派に立ち直られて感謝している人々が、私の回りにはいる。

そして少しずつ救いの輪が、広がるようになっていった。このお救いの有り難さは、一人だけがお救い出来るのではなく、お祈りする全員が同じように、許されるのである。

人をお救いすることによって、少しずつお徳が積めるのだ。お金が掛からず僅かの時間で、私達の神様は大きな救いを与えてくれるのである。

「人の為に、誠の心をもって尽くす者は、何時の世にも決して消える事は有りません」

力がつけばつく程、その力をもって益々楽に、面白く人のために尽くすことが出来るのだ。

祈ることの素晴らしさ、人のために祈り、神様にお願いして不思議が起こるという、究極の力技を神様は人間に、平等に与えて下さっているのである。

しかし一方で、これでもかとばかり奇跡を見せつけられても、神を認めようとしない、人間の傲慢さもある。

見たり聞いたりしているくらいでは、一体どれだけの割合で信じられるのだろう。半分くらいが良いところで、体験した人にしか真理は伝わらないのだ。

だが奇跡の話は伝わっていくのである。

大阪富田林の病院に、Tさんという人が入院していた。重症末期の胃がんで苦しんでいるので訪ねて欲しいと言われた。その話は病院の守衛さんからで、病院を警備中に出入りするその奥さんの後ろ姿を見て声を掛け、私の耳に入れてくれたのだ。二度三度とお祈りにお訪ねしたのだが、一進一退ではかばかしくない。

「何が原因だろう。無条件でおすがりして欲しい、他力本願では貴女のご主人の病気快復は難しいから」と、お参りと僅かな身体の奉仕を勧めた。すると、「こんな死にかけている病人を放って、そんなこと出来ません。貴方は無理なことをおっしゃる」と、責める。「私も最大限のお願いをするから、心残さず病人を放っといて、泊まりがけの奉仕をして来て下さい」と、送り出したのだが、やはり良くならない。病院では息を引き取らんという状態が続いていた。

集中治療室の中には、私共は入れない。着ていた衣類にハサミを入れて、はぎ取る作業が始まった時だという。不思議が起こったのである。

心臓が活発に動き出し、血圧が上がり、心電図のゲージラインの波長がしっかりして来たというのだ。それからは快復に向かい、次々と良い具合に進み始めた。何より空腹感が出て来て、軽い食事が取れるようになった。歩ける状態になりリハビリして、病状が順調に快復、退院出来るようになった。

一方的なお願いだけではなしに、自己も骨折る共同作業で、お救いした事例である。

何日か前、今住んでいる近くにある野崎観音で、若い奥さんが白装束に素足で頭に白の鉢巻きをして真剣な眼差しで、御百度を踏んでいられる姿に接し、お願いする最高の姿を見る思いだった。

その方のために、お祈りをさせていただき、その場を後にした。それが人間の姿なのだ。どなたにも、何事かが起こり得るのが、人間界の常である。祈って不思議が起きる。どのような時代になっても、それは不変である。無病息災の毎日に感謝して、過ごそう。守られて、生かされている、この世界である。このお救いで、今も神の愛、救世主の愛で、生活出来る誠の有り難さに、胸が痛む。

この光が、世界の隅々まで届きますように。お声を掛けるだけで、誰かが救われる。

輝く光は永遠にこの世から、消えることはない。

# 七　野崎観音参り

大阪府大東市野崎町に位置する野崎観音は歴史上の由緒あるお寺で、歌にもある。野崎参りは、屋形船で参ろう。何処を向いても、菜の花盛り……、とあるように、馴染み深いお寺だ。福聚山慈眼寺という曹洞宗のお寺だが、千三百年前インドの僧が、釈迦が初めて仏法を説いたハラナ山に良く似ていると行基菩薩に申されたので、観音様のお姿を彫み、この地に安置されたのが、この寺の発祥と言われる。

別の項でも少し触れたが、御縁がある観音様で、私事だがその観音様にお参りが許されたのは、平成十年十一月頃からで、当時は失業と就職の繰り返しで、精神的にも落ち込み地獄の苦しみの時期だった。

二年の間に三回も引っ越し、就職した会社が倒産、逃げるようにして大東市の三箇《サンカ》という所に落ち着いたが、前の会社の賃借の問題で、或る筋の人から毎日のように責められていた。苦しみと絶望の連続、或る公園でテントでも張って生活するしかないとまで、思い詰めた。普通の人なら、弱気になったら、「自殺するだろうな」と察するほどのことだった。

八方塞がりの状態の時に、家から歩いて二キロばかりの野崎観音に何度も重い足を引きずり参拝した。どなたにも聞いて貰うことも出来ない心の悩み、しかし三回程お参りした時に、絶望の底からふとしたことで、勇気が出て来た。

御百度を踏んでいる女性の姿に接した時である。そこから私に残っていた何かが微かに、心を動かしたのだ。帰り道、駐車場の舗装されたアスファルトを突き破っている雑草に気がついた。「何でか」と理屈では解けない現象をそこに見つけたのだ。興奮して眠れなかった。人から見たら当たり前のことに、当たり前ではない心が動いたのだ。

それから変わった。私の心に良い意味での、闘争心が生まれたのである。今度は逃げないで、行っても無駄だと思いながらも、警察の相談係、事故係を訪ねた。そうしたら僅かながらでも、事が動き出したのだ。

私は人と争うことが嫌いで、何事にも逃げていた。実は就職した会社が、倒産の状態で給料が二カ月以上遅配になっていたので、社長の車に乗って帰り、預けていた先で又借金のかたに取られてしまったのだ。二重に困難で取り返しのつかない、解決の目途もつかない事態となっていたのである。それが不思議と解決の糸口がついて、もつれていた糸が少しずつほどけて、奇跡が起こったのだ。

警察の相談係の協力で、約三カ月程で解決した。今でもウソのように思えるのだが、事実の話である。

祈って不思議が起こる事例を、もう一つだけ話させていただきたい。これは八尾市の佐堂町にあるKさんという方の賃貸マンション建築訴訟事件である。

建築業者との紛争裁判、建築請負代金請求本訴、補修工事費反訴、請求告訴事件。第一回裁判は敗訴で、控訴のための欠陥性調査依頼を受けたのは平成八年四月頃だった。S弁護士と依頼主Kさんとの頼みで、欠陥調査資料を準備することだった。本訴敗訴事件の控訴資料作成は初めてで、自信はなかったが、たっての依頼を断ることは出来なかった。

何回か判事の前で、業者側の弁護士から調査事項に対するきつい質問があった。悪く言うとあら探しだ。二回程裁判に立ち会ったが、時間ばかりたち、どちらが勝訴するのか全く見当もつかない裁判だった。

唯こちらは誠意をもって、依頼をしてくれた建築主の期待に応えるべく努力を尽くした。

専門的に確たる証拠を十八項目挙げたが、なかなか取り上げられず、裁判の性質上白黒がつけ難く、お金の無駄かダメかも知れないと思って半ば諦めていた矢先、弁護士と建築主より、判決は逆転勝訴との報告があった。

私は生涯を賭けた仕事にも、力の限界を知っていただけに、心密かにお祈りをしていた。

それが成就され、実に感激した。

人のために祈る、人のことを「観世音様」にお願いして、不思議が起こるという究極の力業を、神様は人間に平等に与えて下さっているのだ。

思考が愛である時、それを念ずれば、神は最大の力をお貸し下さるのである。

# 八　家庭崩壊と救い

検証、命のリレー、脳死移植時代の到来。

臓器提供、ドナー制度、脳死移植による内臓手術の成功。現代医学の目を見張る程の進歩、輝かしい時代に入ったのだ。確かに素晴らしいことには違いない。今までは救えなかった人達が、こうして助かるようになったのだ。

反面、内臓移植でしか救えないような病人が生み出されている。背景を考えるとついにここまで来たのか、一九七二年頃からアメリカや日本でも、環境破壊に対する生態率、生存を脅かされる事態に対しての、学問エコロジーが研究されている。人間的健康という観点からすると、それ以上に複雑なのが食品汚染、更に薬物乱用等のメカニズム、私ども専門家でなくても結果という形で、何故か文明科学に疑問を持つようになった。

今から書こうとしていることは、テレビ番組のフィクションの中から良い教材となると思ったので、紹介することにした。

東京に住んでいるAさん親子三人の、何処にでも見られる平和な家庭で起こった話である。問題は、その幸福な家庭にある日突然、ご主人が会社のリストラにあい、失業する羽目になったことから始まった。失業保険のある間は何とか食いつないでいくことが出来たが、悪い時には悪い事が重なるもので、長男のT君六歳が三歳の頃から患って治療していた腎臓の病が再び悪化し、内臓移植の道しか助かる術がないという医者の診断が下されたのである。生活することで精一杯で貯えもない。主の失業、長男は臓器移植以外に生き延びられない。

この人の立場になって考えると、読者の貴方ならどうするだろうか。

現在国の健保では、臓器移植をするための支払い制度は、確立していない。それでは、その多大な移植費用は、どこから捻出するのか。自費による手術以外道がない。失業中の父親に何が出来るか。これ程悲惨極まることはない。絶望的ですらある。しばらくして、父は結論を出す。

子供の移植費用と当座の生活費を含めて、五千万円の生命保険を掛けて自殺を図る。雨降りの人通りの少ない夜中、自転車に乗って路上を走っている車に、飛び込み自殺を図った。運転していた女性ドライバーも迷惑だ。信号のある交差点の事故。通りがかりの人の証言で、運転手は刑務所行き、そのような筋書きのドラマ、この事件のような悲劇は、連鎖的になっていく。

この話は実際にあったことではないのだが、善良な市民にある日突然不幸が舞い込んで来る世の中である。私共は今文明社会に住んでいながら、健康的にも生きることが難しくなっている。私達の智慧と力には、限界がある。もうここらで、生き方を変える必要がある。

貴方のお家も、家庭崩壊の危機を未然に防ごうではないか。

今から私の体験を通して、この日本に住みながら、近代文明の恩恵に充分に浴してなお、健康と長寿の生活は目指せないものか、その話を進めていく。

日本でも世界でも、共通に健康と長寿に恵まれた土地は、自然に恵まれ、光、空気、食物等によって、災いすることのない心の持てる所である。心が冒されると身体を悪くし、肉体が悪くなると心も悪くなる。言わばそれぞれ別々の物ではないということだ。

健康的な土地としては、山の多い海に近い僻地山村が多いという事実は、何を物語っているのだろうか。

結論として、反自然の生活は良くないということである。皆さんも理解するのに、時間がかかるかも知れないが、出来るだけ医薬に頼らないということ、この事が如何に大事かということが、わかるのだ。もし不幸にして病気にかかっても、クスリを使わずに治す方法を取ることをお奨めする。

毎日のように新聞を賑わしている医療関係の記事で、特に目立って不思議に感じたのは結核病のことで、非常事態宣言とあったが、忘れかけていたという表現がピッタリの記事だった。

私には身近な病気で、長女の姉も長男の私も、戦後結核で病院のお世話になった。栄養を取れ、風邪を引くなと、当時はお金のかかる病気で大変だった。家系の病歴から説明すると、父方の方は血行障害の脳溢血で、父、祖父共この病気が原因だった。母方の方は、母の兄弟六人中五人まで結核にかかり、四人はこの病気で亡くなった。

亡国病と言われるくらい、その不安感は大変なモノだった。もう少し説明をすると、私の病気は結核と重い胃腸病で、あまり体力が弱っているので、手術だけは断わり続けた。身体が弱いので、貰う嫁は看護婦と決めていた。

昭和二十八年結婚、昭和三十四年まで、クスリのことを話すことは出来なかった。嫁いだ姉が昭和三十三年、続いて父が三十四年と亡くなり、私はその年に観音様におすがりする心が出来たのである。それからの生活は、試してみることから始めた信仰が、救いに繋がっていったのだ。

医学が言っていることは、信仰とは反対のことが多かった。信仰では、霊魂の浄めから、血液が浄められ、血液が綺麗になれば、諸々の病原菌、結核菌等が死滅すると言われたのだ。

医学によって、薬によってウイルスを殺すのではなく、ウイルスの食べ物をなくすことで病気の総てがなくなっていくという教えに、頼りなさを感じながら、観音信仰を続けていくうちに、最初は胃の方が大変丈夫になって来たのである。色々な薬を飲まないので、今度は自然治癒力とその神霊治療の効果でメキメキ元気になり、結核の方も忘れたように治っていた。

三十五年には長女も生まれ、家庭に笑顔が戻って来た。医薬から離れて三年の昭和三十六年にはすっかり身体が全快した。

私の家庭は救われたのである。家庭崩壊の題名にあるように、私からすると父と姉を失い、柱となる大事な人を亡くし、失望していた私にも健康と生き甲斐のある仕事、子供のなかった家庭に、長女の誕生を許されたのだ。

昭和三十六年から建築会社で仕事をするようになり、建築の仕事をするなら一級建築士を取ろうと努力し、三十七年合格取得することが出来た。

どうやら世間並みの生活が出来ると喜んでいた矢先、三男のことで問題が起き、悩むようになった。

家にはまだまだ、仏教で言う「業」とでも言うか、カルマの問題が大きな宿題としてある、という念に捕らわれていた。

父が亡くなった後、母と一緒にすぐ下の弟を預けていたのだが、嫁にも言わず隠していた。

弟は家のモノ、カメラその他を持ち出しお金に換え、電話料金を払いに行かせると、近くのパチンコ屋で時間を過ごし、帰って来ない。まあ良くあることだと、親がいないので、親代わりにと辛抱していた。が段々とエスカレートしていき、人様のお金にまで手を付けるようになった。何か仕事につかせようと考え、職人ならとタイル屋の見習いに行かせた。それでも親方の目を盗んで、ギャンブルに凝るようになった。

大変恥ずかしいことだが、家から弁当を持って行かせるのだが、どうも様子がおかしい。知人が住之江のモーターボート場で見かけたとか言って来る。パチンコ屋から始まり、モーターボート、競馬競輪と賭事を始めたのである。自分の事で精一杯なのに、困ったら他人のモノにすら手を出す弟を抱えて苦しんだ。出来心とか言うが、最早その段階ではなくなった。そして新聞沙汰にまでなりかけたことすら起こる始末だった。

陰で母が何時も、泣いているようだった。

「お母さんと一緒に、死んでくれ」と、良く聞かされた言葉である。

さあどうするか、私と妻にとっては、大きな問題だった。

幸せになるために入った宗教だが、少しそれがわかりかけた時に、家にも深い因縁があるんだなあと知った。氷山の一角という言葉があるが、本当に私も妻もこれから何が起きるか、失望と不安の限りであった。

「お母さんと死んでくれ」、死んでくれたら良いのに、と思ったこともあった。

「一人母だけ残して死んで欲しい」

お道の先生にも相談した。

「他人事みたいに、なかなか巧く治らんよ」と、言われた。

その時気がついたのだが、本人はケロッとしている。なかなか巧い表現は出来ないが、罪悪感がまるでないのだ。だから言葉で諭したり、母親が言っても全く無駄だとわかった。

このような時、親の苦しみは如何ばかりか、腹を痛めた我が子である。それによって苦しむ側に何か原因があるのです、と聞いた時に、「何と都合の良い教えなんだろう」と思ったりもした。

その苦しみによって、罪を償って貰うのである。原因結果論、更には因果応報等、カルマが存在する限り、色々な難問題が出て来る。

結局、徳を積む以外、解決策はないとの教えだった。良いことをして払拭する以外ない、ということなのだろう。

神の仕組み、からくりと言うか、これで調和が取れていくということだ。寺田家の家系の中に、醜いモノがあったに違いない、と私は解釈した。

お徳を積むことを、妻にだけ任してはおけない。自分たちの子にこれに似たようなことが起きたらどうしよう。

自分の代で解決しようと心に誓ったのだった。後でわかったことだが、それは正解だったのである。

良い車に乗りたい、良い家を持ちたい、子供達にも良い服装をさせて家庭平和にと。とんでもない、生活出来たらそれで良いと、妻二人で出した結論だった。更に霊的なこともわかったのである。

ギャンブル性のモノに、不幸の因があることもわかった。家をなくした人、夫婦離別した人、その話をしたら切りがない。あり余った金で、ギャンブルをする楽しみだけなら、問題はないのだが、その金に恨みつらみ、執着が食い付いている。

霊的に見ると、損をした人の口惜しい顔がいっぱい付いている。こういう話を聞いたことがある。勝っても負けても止められない。何か霊的に、やらされているとも感じられる。不幸を製造しているのが、ギャンブルである。楽しむモノが、それによって損をして、青い顔をして帰るのだ。そんな人達は、揃って服装も履き物も惨めな姿である。

どうも物質文明を求めての世紀末、人間が幸せになるよりも、不幸な人造りを進めているとしか思えない。共栄共存という言葉を聞くが、ギャンブルをしている時の気持ちは、他人にババを摑ませ、自分だけが当たれば良いと思っているのではないだろうか。

とにかく、問題の弟の悪に染まり易い心を変えるにはどうしたら良いか。御道の奉仕だとか、清掃に就かせながら、努力して少しずつまともになっていったのだ。何年もかかりはしたが、良くなって来たので、嫁でも貰わしたらということにした。

反面私の家庭生活も、努力が実ったのか、子供にも恵まれ、夫婦で連れて歩く喜びも感じさせていただいている。人助けの功が少しずつ現われ、効果があったように思えた。

弟も真面目に働くようになり、一緒に死にたいと言っていた母も、安心したのか一週間程寝込んだだけで、私に抱かれて他界した。

夫婦で御神業を始めるようになって、お世話する人数も増えた。二人で良く教会にお参りに行き、ご指導をいただくことも多くなった。

神戸の教会に参拝して、その日直属の先生に個室で、お祈りをしていただくような運びになった。

大変霊格の高い先生で、私と妻と三人になった時のことである。時間も遅く皆さんお参りから帰られて、物音一つない。静まり返った状況の中で、先生が上座で座布団の上に正座で座り、妻も正座して向かい合い、先生がお祈りに入られた。

この道で言うと、浄霊儀式である。暫くすると妻に少し反応があり、動きが起こった。そんな状態で十分もしない内、誰かの精霊が妻の身体に乗り移った様子。今まで聞いてはいたが、極めて稀な経験である。

更に姿勢を正すと、誰かが口をついて言い始めたのだ。

「由緒正しき家柄にて候」

先生「どなたですか」

精霊「本田の筋の者じゃ。この子がおすがりする神様は、大変なる神じゃ。必死ですがりたいのは、この子一人にて候。よろしくお願い奉る」

続いて今度は、寺田家の先祖の精霊の番だと期待していると、様子がおかしい。何か言いたげな表情をしているが、声が出ない。今までの人相とは違う。妻の顔はいつもの顔なのだが、別の精霊が乗り移った様子。背中を丸めて心なしか、顔が細くなった感じ。

先生が、「今度はどなたですか」と聞く。

又声が出るのかと、もどかしくなったが、やっと口をとがらせ、

「シユム」と一声。

急なことで、誰だろう。

精霊「シユム」更に、「自分で自分の命を絶つ程、愚かなことは御座いません。姉の孫達が、祭り事をしてくれるので、大変有り難い。救われて出て来れるようになったので、お礼を言いに来ました」


前後の精霊の話から説明すると、こうなる。徳川家の下司の御家来衆の中で、九州は長

崎の諫早の近くに、古賀城の跡があり、妻の兄が十五代目になるそうで、れっきとした士族で光を求めて出て来たのだ。

「必死で、すがりおるのは、この子一人」

ということは、家系の中で誰か一人でも、頼りに出来る神様について、徳を積んで下されということだと思った。

さあ今度は、寺田の方で、「シユム」さんと言っても、やっと話が出来た程度なので、自殺をした方となると、誰のことか最初はわからなかった。

そしてふと思い出したのである。母方の方で、自殺した人がいる、と聞いていたのだ。かいつまんでお話すると、今の私の母の、従姉妹のお母さん、私から言うと、祖母の妹が、山口県大島郡久賀という所に嫁ぎ、子供が出来ないので辛い思いをしていた。姉さんの所には、子供が五人もいるからと、私の母の小さな時貰いに来たが、祖母に、五人もいるけど一人もあげる訳にはいかないと断わられ、泣き泣き帰り、途中で島を走っている汽車に飛び込んで、命を絶ったということだった。が、それで終わりではなく、五十年振りくらいに精霊として出て来て、お礼を言ったということなのだ。

祈りが終わった時に、自殺した時の様子を実演して見せて貰ったが、そのままの格好で、三十年救われず、自縛の霊として苦痛にあえいでいたことになる。

想像も出来ないことであるが、私達子孫が何らかの形でお徳を積むと、佛釈尊の救いである地獄の底をのぞいて蜘蛛の糸をたらした救いのように、忘れていた人達も救われていく。

何と尊い話ではないか、と感動したのだ。その人なりに、受け取れるという。信じられる話として、辻褄が合っているとは思いませんか。

今私達は、死と隣り合わせで、生活をしている。死が手の届く所にあるのだ。インターネットで、死にたい人ありませんか、と調べると、実際に思ったよりも多いのだ。

先日、或る読み物に、自殺者が年間二万五千人となっていたのだが、それが僅か一年足らずで、三万人にもなっている。

十万人が何らかかで死を考え、確実に三万人は自殺する人がいるというのである。霊的知識の考察、研究は是非とも急速にお願いしたい。そこには、救いにつながる、何かがある。

死んだら、終わりの人生では……。精神面では現世は不幸を造っているとしか、考えられない。

厳しい状況だが、此処に、救いのあることをお伝えしたいのである。

## 九　聖者キリストの予言と救世主

キリストの予言の中に、「二千年経って再臨する。世の終わり近づけり、汝等悔い改めよ」とあり、又こうもある。「天国は近づけり汝等悔い改めよ」と。この二つの警告は何を意味するのか。深い教えが込められているのだ。

人々が神の存在を信じなくなり、自己中心的で愛がなくなり、享楽的な生活を送っている時、地震、洪水、火山噴火などの自然災害が多発し、各地に血生臭い殺し合いの戦争が数多く起こり、その結果、飢えや難民が増す。

これは、この世の終末を説いた、ヨハネの「黙示録」、第十三章および第十八章からの教えである。

何と今日の様相と、良く似ていることか。正にこの終末の時、最近ではオウム真理教のハルマゲドン、世界最終戦争に一役買い、麻原某は図に乗って、更に意味を変質させ、一九九五年十一月にサリン事件を引き起こしたのだ。

まんまと計画を成功させ、破滅と終末、その後の支配に向かわんとしたのである。

我こそは、救世主とでも言いたかったのだろう。

新約聖書の中で「イエス・キリストの再臨」とある項を、引用してみよう。

ある日、イエスの弟子たちが「世が終わる前には何が起きますか」と聞いた。

キリストは答えて、「その時には偽キリスト、大地震、戦争と飢えと汚染、太陽や月に恐慌のサイン、最後には地球がひっくり返るような大異変。しかし、その時、人の子が雲に乗って、天から降りてくる」と言った。

「ああ、じゃあ、その天から降りて来る人の子が、イエスの再臨だ」と。

言わば世界のあちこちに、偽キリストが現われる、とある。

形としたら、麻原某の行なった行為は、その部類だと思われる。

キリストは、この世に生まれた最も偉大な大聖者であり、二千年前の予言者である。

大半の人には、信じられる予言であり、その上、過去現在を言い表わしている確率は高い。

聖書は知識の宝庫であり、彼らが書いていることは、総てに辻褄が合っている。

近年アメリカで予言者として、評判を得ている、エドガー・ケーシーの言説とだぶらせて考えてみたい。

端的に紹介すると、今から約半世紀程前の予言である。

この世紀の残り半分、後半世紀はどうなるかと問われて、突然昏睡状態に落ち、そんな状態の中で、こう口走ったのである。

「一人の男がいた、彼は喋った」と。

「大統領が在職中に死に、次の大統領が現われる」

「アメリカ西海岸や、アラスカで大地震、大噴火が起きる」

「中東イラン、シリア、パレスチナが、火薬庫になる」

といったことを、男は時期も含めて、明確に喋り的中させたのである。その後、個人的な問題についても、的確な予言をしていたのである。

人の運命から、病の癒し方、その他を含めて約一万四千件余の透視や予言を生涯言い続け、平均九十五パーセント以上の的中率であったという。

そのケーシーが、日本の崩壊と、一九九八年頃の時代に、

「聖書風に言えば、神の光、主の栄光、救世の光によって救われる」と言ったそうだ。

日本に救世主が現われ、現実に救われるというのである。

続いてノストラダムスの大予言である。

世界的に有名になったが、「一九九九年の七の月、恐怖の大王が空から降って来る」というものであった。

有名な詩で、世の終末を四百五十年前に予言したのある。そしてこの予言を悪用して、金儲けをした人も多いという。

共通した予言を引用して見ると、ノストラダムスの「諸世紀」、五巻五十三番に、「世のどんづまりの時、日の国と金星の法が競い合う」という詩句がある。予言学上、金星は白人種のシンボルとされているので、こういうことになるのである。

白人種の考え方や、技術、経済と、日本の考え方、技術、経済が競争するようになることが、ここで予言されているのだ。

このように予知した上で詩は、結びの四行目にこう書き記すのである。

「日の国によって、大きなメシーの法が保たれる」と。

メシーとは、勿論英語のメシア、救世主のことだが、ここでも救世主が登場して来るのである。

大聖者キリスト、今世紀アメリカ最大の霊感者と言われたケーシー、そしてノストラダムスという世界的予言者の、三つの予言を見て来たが、筋書きはまったく一緒である。辻褄が合っていて、ほとんど食い違いがないことがわかる。

この世の中は「フィクション」（小説の筋書き）のように、私達が操られているように思える。この日本に、既に東方の光として救世の光が出現し、大いに力を振るわれて、救いが始まっているのである。

更に予言は「日本沈没」だとか、「日本崩壊」だとか、私が説明するまでもなく、色々な形で現われている。

世界的な環境破壊、温暖化現象による地球的規模の海水の上昇被害、空気複合汚染、身体が身近でやられている食物汚染、農薬その他の列島汚染等、いずれも生命保全の限界を超えている。その上、最も恐ろしいのは、最大の破壊とも言うべき目には見えない、精神障害ではないだろうか。

日本沈没はどこから来るのか。私達の深層心理を解析して、コンピューターにかけたら、どんな回答が出てくるだろうか。

このままでは駄目になる。山の中での自給自足の生活か、はたまた、日本から脱出して、救世主の光にすがって生き延びるか、その選択に私達の未来はかかっているのである。

総ては仕組まれた筋書き。西洋文明から生じた智慧と、近代文明を作って来た根本の所に、何か間違いがあったのだろうか。

このまま突き進んで、破壊への淵に突入するのか。文明の悪い一面であるエゴが充満している中で、そのための利益に群がっている人達には、好都合の世の中かもしれない。

下らないことだけに目を向けさせ、判断力のない人間を大量生産している現状から、私達は一人でも多く、未来に続く人達のために、今立ち上がり、偉大な人間社会本来の遺産を残さねばならないのである。

この時期を延ばせば延ばす程、事態は悪化し修復困難になっていくのだ。

## 十　救世主

私如き者では勿体なくて、救世主について語る資格はない。ハンデがあって書き辛いが、お許しをいただきたい。

過去現在、私達の世界に誕生した二大聖者、釈迦、キリストの予言録に共通して言われている言葉に、

「弥勒の世、天国は近づけり、汝等悔い改めよ」と、警告の予言がある。

先の項でも書いたが、予言を裏付けるような兆しはないか。世間ではその事に対して、私達の心の奥に潜む「深層意識」の中に、かなりの願望が高まって来ているという。しかし私個人の考えとして、納得がいかないのは、釈迦の慈悲と、キリストの愛が、千年以上の時間が経っても芽生えることなく成就されて来ないのは、何故だろうかということである。

当時から今日まで、人間のエゴは変わらないのだ。

ここから本題に入るが、やはり予言とか教えでは、人間は変わらないし、救えないからである。極論をすれば、予言はあくまでも、予言に終わっているのである。

世の中は力関係で、総てがそれに終始している。近代文明は、華やかな時代を経て行き詰まりの様相を帯びて来た。

二十一世紀をどのように天国化していくのか。新世界を築くための救世主の出現を待ちかねている。

天国化というのは、「言うに易く、行うに難し」で、世の中は総て力関係で成り立っている。天国を創っていく力が絶対に必要である。力にも色々とある。

モノを破壊する核の力、お金の力、身体の力、頭の力、信用の力、祈りの力、人を救う力、様々な力を人間は持っている。

無論お金も必要だが、今此処で言いたいのは、人のために尽くしたり、人のために働いたり、中でも人を救う力について、大変重要なので説明をする。

人のために祈り、人を救っていく力を、救世主から無限大にいただいていく。この不思議は、未だかつて、歴史上にもなかったことだ。

我が神「救世主」は、一人一人に与えて下さっている。私が神との接点で書いた（「君はどのようにして神を知ったか」参照）救いの力を、誰にでも授けて下さるのだ。

信じる信じないは、別にして事実を申し上げている。奇跡を生み出していく力こそ、未来を救っていけるのである。

キリスト並みの力を、一人一人いただいて世の中を救っていくさまは、正に天国の饗宴だ。新世界の天国建設は、貧病争の三大苦を救う力と教え、誰かが二十一世紀は、愛と光の時代だと申している。

私達の未来と救いについて、人々の悩みを分析しながら、未だに結論が出ないまま、自滅の道をたどっているとしか思えない。

私は専門家ではないから、その筋の権威及び政治家の皆さんにお願いしながら、傍観者的立場ではなく、意見を述べさせていただきたい。

財政・社会保障、教育の荒廃、そして安全保障、この三つは危機的状況にあると専門の学者が語っている。私達から見ると、かなり以前から思い切った対策が必要だと言われて久しい。

「火だるまになっても対策を」と、唱えた総理もいたが、結果は国民の税金を大放出して、やりくりしたとしか思えないのである。

今迄の強い日本経済は、どうなったか。舵取りをする政府も借金の山、国債発行残高は三百六十兆円台にものぼる。

地方の借金を合わせると、六百兆円、ＧＤＰの一・五倍。数字が大きいとピンと来ないが、この現状で近未来に明るさが出て来るのか。

二十一世紀が目前に来て、難問山積で高齢化、少子化、非婚化、晩婚化の世の中が来れば、年金や健康保険の財源は大丈夫なのか。高齢者の現状は二千百万人で、このままの状態で推移すると、二〇五〇年には少子化で、高齢者三人に活力ある若者一人の割合になる。数の上ではバランスの破綻は明らかである。

それと当面する最大の問題は、医療改革ではないか。医療費は今年度三十兆円を突破し、保険財政は危機的状況を迎えている。活力ある若者より、はるかに医療費のかかる高齢者が増えていく以上、医療費の増大は避けられない。

高齢者一人当たりの医療費は、全体の四分の一を占めている。これは欧米主要国より高い比率であるという。他人事とは思えない事態であり、先に進む程数字は悪くなる。日本を船でたとえると、この日本丸の舵取り役人も頭が痛い所だろう。

日本沈没は経済破綻から来る。バブル経済以降の長い不景気。明るさが少し見え隠れしているが、あちこち身体の悪いオジン、オバンがいっぱいなのが現状である。大きな社会問題になって来ている高齢者の医療費が、若者の五倍もかかっている現状。年をとったらどこか身体が悪くなるのは仕方がないとしても、せめて自助努力で死ぬまでは、元気でいて欲しい。「死ぬ時はポックリと死んで貰いたい」との陰の声が聞こえて来そうだ。

私も老人だが、やはり老人は問題を抱えているのか。お金のかかる病死も色々あるが、長期入院に加えて手術、これが問題の根源なのか。年間の死亡率から見て、がんの三十パーセントが大きく影響している。

若い人にとっても心萎える時代なのか。浮上する結論を得ないまま、救いの時代の光明に、期待と活力を見定めているのだ。

将来の日本を背負うべき若人の、強い生命力に期待する。クヨクヨとした落ち込み思想こそ、大敵である。心して現代の問題に取り組んでいく力こそ、明日を開く鍵となると思う。

その活性化実現の素晴らしい話である。

今話題を醸し出している三大予言の中に、人類滅亡とは逆の、「救世主」による救済と新文明創造があり、この二通りの選択を、我々は迫られている。

「世界を救う救世主が現われる」

日本が世界の改革を行ない、世界は日本を中心に統一される。世界は文明が超転換し、至福千年の素晴らしい宇宙文明となる。

幸いなことに私は救世主にお救いを受け、この終末の世に救世主の出現を明確にするために自分の体験したことを人々に告げることこそ、己の使命ではないかと自覚している。お聞き願いたい。

私がこの偉大な救いの道を知ったのは、昭和三十四年の秋であった。広島の三原という所から大阪に出て来て、三年程した時だった。

姉がその時金融業をしていたのだが、仕事が決まるまでということで、嫌々ながら手伝っていた。建築業をするにしても資金がいる訳だから、この仕事で儲けてやるつもりで、頑張っていた。

そのうち姉が病気で他界、続けて父を亡くした。この辺の事情は前章で紹介済みなので、又違った角度からの体験話をさせていただく。

不幸続きの家庭に昭和三十五年、奇跡的に九年目にして初めて長女が誕生した。三十七年に二女も生まれ、かなりの貧乏ながら、楽しい事も多くなり救済の仕事の方も面白くなって来た。

会社勤めをしながら、色々と得難い体験をさせていただいていた。二女が生まれる時はお金の都合もあって、六帖と四帖半の二間だった。夫婦二人に、祖母と長女の四人家族で、確かに狭い住まいだったが、今までの不幸が嘘みたいに、家の中が明るくなった。

建築会社に入って一年、それまで兄弟で金融会社をやっていたので、仕事が替わって苦労もしたが、運良く良い仕事ばかり巡って来た。

仕事の先々で「一級建築士ですか」と聞かれることが辛く、それなら受験してみようと観音様にお願いをした。国家試験で競争率が高く、百人の受験で当時は八人か九人の合格率だった。それが大した受験勉強もせずに、いきなり一回で受かったのである。

会社には三十人程の建築技術者がいたが、一級建築士の人は一人だけだった。五人受けに行き、「あいつが合格するなら、みんな受かる」と変に力づけられていた全員が不合格で、私だけが受かったのだ。不思議なことであった。風当たりも強くなる。

学卒者が多い中、私は戦中派で、韓国の田舎の工業学校を四年の初めの時やめ、海軍の予科練に志願入隊した。戦時中の学生は学徒動員とか奉仕作業で、勉強らしい勉強もしていない。

だから、大変なご守護をいただいたのである。一級免許のお陰で、比較的良い仕事を廻して貰い、本当に有り難かった。

周りを見ても、真面目に働き正義感が強い学卒者でも不運な人が多くいる中、当時はラッキーくらいにしか思えなかったが、後から考えると、やはりそれにはしっかりした原因と御授かりがあったのだ。

良いことをすれば良いことが多くなり、運命が良くなる。運が大分手伝ってくれる、そんな毎日だった。

夢中になって、人助けの方が面白くなっていく内に、会社の方の仕事が少しずつ身が入らなくなって来た。

本来的にお救いの業をするように定められているので、次々と会社が替わるのである。会社の仕事が順調にいっていても、お救いのためには犠牲にしてしまうことの連続であった。大阪西区にあった会社に在職中、お救いのために会社を休んだり、昼間抜け出したりすることが多くなっていった。行き先欄の黒板に、神様、仏様と書かれる始末だった。会社にそれ以上迷惑をかけられないし、いづらくもなり、何とか自由の身でありたいと建築設計事務所を開設、細々と営業を続けていた。

お救いの業と、建築の仕事、家庭と三つ共巧くいく訳はない。又、余裕もなかったのであるが、苦しくともお救いの業には、生き甲斐を感じていた。妻と二人でお救いの道を一生懸命勤め、生活費はいつも、二万円三万円と不足することが多かった。三、四年は続いたが、質屋通いをして生活をしのいでいった。金融会社を兄弟でやっていた頃は、お金に不自由せず人助けも充分出来た。

しかし先輩の先生から、「人に恨まれる仕事をしながら、人助けも良いけど、貴方の病気は早く治らんし、運命も好転しない」と忠告をされた。建築会社を転々としながら、こんなに素晴らしいことをしながらと思いつつ、貧困の辛さは身に沁みた。毎月計ったように不足するお金、質屋通いで確か毎月二万円借りて、二年くらいした時に「もうこのカメラでは、五千円しか出せない」と言われた。

「そうか、これで今度からお金に困ることはなくなる」と良い方に解釈して乗り切った。昭和四十二年の暮れのことだ。妻と二人で年末の大掃除をしていた時「今年の正月はお金もないし、何も買えんよ」と言った。妻は「元気だったら、いいじゃないの」とのん気なことを言って笑った。

「吾が神、吾が神、吾を見捨て給いしか」

元日の朝が来た。

近くに済む在日韓国人の奥さんが、大きな鯛の塩焼きを持ってきてくれた。又、Eさんの奥さんが、缶詰の海老を三つ持って来るのだった。このEさんにはその後、どれだけお世話になったかわからない。その年の正月は、「神さま」にお供えのお酒だけで済んだのである。

当時の生活を思い返すと、私は若く生気に満ちたお救いの人生だった。私が何時も履いていたボロボロの靴を見て、洋服と一緒に持って来てくれた人がいた。それが何と、計ったように、ピッタリだった。洋服のポケットの中に注射液ビンのふたを切る、ハート型のヤスリが入っていた。「Eさんどこから貰って来たの」と聞いた。

「私と身体がキッチリと合う人もいる。これは神業ではあるまいか。神様は何処かで見ておられる」

洋服をくれたお方は、それが別れた旦那のものだったと言った。新しい人が出来たので、捨てようとした矢先だったのだ。

「捨てる神あれば、拾う神あり」とはこのことか。本当に立派な洋服で何処に行っても「神様が拾ってくれた洋服」と言って、ほめられるのであった。

「まだ君の着る物は中古で良い。買う必要は御座いません」の声が聞こえて来る。良い物も食べていないのに、腹が大きくなって持っているカッターシャツが全部着れなくなった。

昔病気でガリガリに痩せていたので、うれしいことであった。こんな生活をしていたら、着る物が全部合わなくなる。家にあるカッターシャツの背中をタテに切断し上着を着るので、それで用は足りた。恥ずかしいということはなかった。暑い時でも上着を着ているので、「何と行儀の良い人か」と、敬まわれるのである。

こんな失敗もあった。何かで急いでいて、上着を着ずに地下鉄に乗った。周囲の人がジロジロと、背中を見ている。が、誰も背中が丸見えだと、注意をしてくれる人はなかった。降り際に品の良い奥さんから「背中が切られてますよ」と、言われた時の気持ち。背筋に感じる「ぞおーっとする驚き」。だが、「何かに護られている」という心は一層強固なものになっていった。その頃は下着も買えず貧乏のどん底であったが、心は常に輝き希望に燃えていた。

その頃が一番楽しい時期で、夜も寝ずに一生懸命お救いの修業時代だったのだ。夜通し車で大阪府下から、神戸の方までよく廻ったものだ。その頃三女が四十三年に誕生し、待望の息子が長男として四十四年にとお目出度が続き、有り難さと忙しさで充実した日々であった。

夫婦別々に、お救いの業で動くので、下の子供二人を弟の家に預けて、一心に精進をした。寝不足がたたって、教えの講話をしている時ふっと寝てしまう。どこまで話したか、わからなくなることすらあった。車を運転して眠気に襲われることも度々で危険な時もあったが、御守護で無事だった。

仕事も、不思議と生活が出来る程度はいただけるようになって来た。今思うに、子供の小学校、中学、高校と、最初は入学、卒業式とついて行ったが、そのうち全く行かなくなってしまった。参観日なども夫婦共行ったことはなかった。子供の世話もせず、お救いの道を歩き、真に子供達には不自由をかけたが、「ぐれ」もせず立派に成長していってくれた。これも有り難い極みと感謝するのであった。

大阪で万国博覧会が開催された昭和四十五年前後は、私の人生にとっても、画期的な時期であった。建築設計の仕事も忙しく、加えて御神業も多忙を極めるようになった。人数も増え集まる所が欲しいと、大阪天王寺近くの美章園という地の利の良い場所に、待望の集会所が出来た。

皆との話し合いの所、救いの場は盛況で御光を持つ安らぎの館でもあった。そんな時或る人の紹介で、一流会社から設計の依頼を受けた。未来事業部の開発設計の仕事だ。企画が採用され、月二回会議で東京に通った。その仕事で経済的にも、随分と助かるのである。

正に偉大な奇跡が生まれたのだ。

子供の成長で家が狭くなり、堺市の方に長期のローンで家を買った。半年程して、何と仕事が全部駄目になるのである。家の購入が昭和五十年頃で、喜んでいたのも束の間、一年もしない内にオイルショックの後遺症で、仕事がキャンセルされてしまったのだ。

思い上がりで、自分の使命を打ち忘れ、大事な御神業がお留守になっていたのだ。

経済の行き詰まりは、深刻であった。家のローン返済が家庭生活を圧迫し、食にすら事欠く始末。家を売りに出しても、なかなか売れない。預けていた下の子二人が、泣いて帰って来る。預ける費用が、払えないのである。

その時の三女の顔は、未だに忘れることは出来ない。経済が一段と厳しくなりやりくりが続く中、家が火事になりかけたのである。台所の天井は黒こげ、泣き面に蜂とはこのことを言うのだろう。仕事も金もなく、「神様」から貰った身体と健康だけ。まだ良かったのは、その時五十歳に手が届く若さであったことだ。

働きに出てそこから、お救いが又動き出すのである。今度は頼りにしていた妻が、宮崎にお救いの拠点作りに常駐するようになる。昭和五十三年の夏のことである。何とも大変な大使命である。神業であれば致し方のないことだった。

大阪の駅から夜汽車に乗って発つ時に、私は小学三年生の長男を連れ、見送ったのだった。何時も留守勝ちな母であっても、別れは格別に辛かったであろう。

汽車に付いて走って行く姿を見て、私は身の置き所がない程辛く涙するばかりだった。今でもその時の様子は、ハッキリと覚えている。売れなかった家も、整理がついたが支払いに滞納があったので、手元には何も残らなかった。家など買わなかったら、お金が残っていたのにと、愚痴る思いも出るのであった。

元々命がなくなるところを救って貰ったのに、少し有頂天になり過ぎていたと反省をするのであった。

「よし性根を入れ替え、お救いの業を」

身を入れて、お救いを始めた。今まで止めていた訳ではなかったが、昭和五十六年頃の、驚くべき超能力の救いの奇跡を、是非聞いて欲しい。

一人でのお救いではなく、グループで動きだしたのである。情報もドンドンと入って来る。

Aさんのご主人が、押入の中に入って出て来ない。大阪西成の岸里近くの、筋萎縮症で歩行困難な病人。富田林で食事がのどを通らず、寝たきりで死を待つばかりの人。西淀川のIさんのおとうさんは、確か佃町の人だが足が象さんみたいに腫れて動けない、トイレに行くのがやっとである。

まだ色々あったが、何と言ってもただ事ではない。

「さあ、どうしたものか」

今迄と違って自分だけで行くお救いは整理して行けるが、一緒に行って欲しいと言われて、いつもの「格好師」が出たら「神様」より先の勇み足で、失敗をする。

仲間の人で、押入から出て来ないご主人。奥さんと共同でお救いに成功し、押入の中から出て来て、今は立派に再生し、新大阪にある人材派遣会社の所長をしている。

西成の筋萎縮症の病人には、Uさんのグループとお救いに行った。結果は何とか一人で、少しずつ歩けるようになった。

これには続きがあり、正に奇跡が起こったのである。歩けるようになって、公園を散歩をしながら誰かに声をかけてみたいと思いつつ歩いていた。ふと、近くに乳母車に子供を乗せて、奥さんが通りかかった。子供を置いて一寸乳母車を離れ、何かを取りに行った。そのうち子供が立ち上がって、乳母車が横転した。

その時、その筋萎縮症の本人が、片手を上げて祈った。その瞬間、救世主が現われて、乳母車を子供ごと起こした。本人の霊眼が開け、杖を片手にもう一方の手で、乳母車と子供を起こし助けたのである。

こちらは度肝を抜かれた。何度思い出しても、何とも見事な「奇跡力」の現出であった。理屈ではわからない、霊能妙智力の発露であったのだ。

私はこの報告を聞いて、こう理解した。作り話を言うようなお人ではないので、真実性が伝わって来る。巧い説明にはならないが、透明人間「救世主」は、結果を出して下さるお方なのだ。

私の傲慢。

体験しているからと、とんでもなく、勿体ない話である。

次の話は、中高生を五人程連れて、西淀川のIさんのお父さんの所に行った時のものである。不動明王のしっかりした信者で、「お前らより、ワシの方が上じゃ」と言って聞く耳を持っていなかった。

子供等を連れて行った手前、「それでは、真似事だけで帰るから」と頼み、邪魔が入らないうちに、真似事のお祈りをして帰った。

翌日電話をしてみたら、横柄な言葉遣いがなくなり、こう言うのだった。

「お風呂に入って浄まったから、どうぞこれから御山に、連れて行って下され」と、丁重に頼み込むではないか。

「さぁ、どうです。吾が神のお力が、おわかりになったでしょう」

私はその時、「これに、恥をかかせてはならぬ」と「神様」がお考えになってのことだと、言葉では表現出来ない霊心を授かったのだ。

こみ上げて来る感涙を抑えることも出来ず、身を震わして泣き続けるのだった。

瞬時に覚醒し、「神様」の存在がクッキリと、中空に現われるのを感得したのである。

富田林の市バスの運転手のことが、気になって仕方がなかった。仕事を早めに片付けて、その人の近くに住んでいる仲間に電話を入れ、訪ねて行くことにした。

場所は千早赤坂村、有名な歴史的人物、楠正成のゆかりの地である。この人はなかなかの大物だから、一回では難しいと思い二人で行こうと計画を立てた。するとどうだろう。僕も私も「連れて行って下さい、お願いします」と、結局六人で行くことになったのだ。

訪ねた家は、格式のある門構えの、大きな屋形だった。案内をいただき、奥様のお話をお聞きした。

「もう二十日以上、お茶ものどを通りません」とおっしゃられる。

私は座敷に案内された時に、何か言いようのないモノを、感じていた。

床の間に、変わった神さんが祭られてあったのだ。六人も連れて行っているのに、どんな答えが出されるのだろうか。布団に寝たきりの病人さんの様子から、下の世話までされていると窺われる。頭の所に、運転手の帽子が整然と置いてある。

お祈りを済まし奥さん心づくしの、温かなおうどんをご馳走になった。そしてこう申し上げた。

「とても簡単にはいきませんよ。貴女も御山に足を運んで、お願いに来て下さい」と、半ば断わるような気持ちだった。帰ろうと車の方に向かって、歩いて行った。

と、奥さんが大きな、はずんだ声で呼んでいるではないか。

玄関先まで戻ると、

「おうどんを、食べてくれました、おうどんを食べた」と感激に打ち震えているのだ。丁重で、こみ上げて来るような声に、感謝が伝わってくる。

後でわかったことだったが、前述の富田林病院でのお救い(ガン病棟からの生還)が、どこからか伝わって繋がったのだ。

不思議な事だった。

私は何時も思うのだが、その起きる現象について、人それぞれ解釈が違うと考える。奇跡を聞いて信じられる人、奇跡を見ても信じられない人、又その上、病気を治して貰っても信じない人、様々でそれはそれなりに結構なのだ。只、自分の人生を上手に苦を少なく生きるにはどうするか、と考えてみるのも、智慧ではないかと思うのだ。

私は建築の設計士で、本を書くのは初めてで表現力が乏しいので、尊いお話が巧く伝わるだろうかと懸念する。

「救世主」の心を、少しでもわかって貰いたい。心を閉ざしていたら、どんな話を聞いても心は動かない。

当時から時間は過ぎたが、今でもお救いの力は変わらない。現代の社会に照らしても、ここに書いた諸々の現象が、参考になることと思う。

確かに現代は、病み苦しんでいる。肉体的に精神的に、病気が蔓延している状態だ。先程の体験に、押入の中から出て来ない事例を紹介したが、私ですら布団をかぶって何もかも投げ出したい時がある。

学級崩壊等も、色々と複合的な問題はあるが、子供の側の生に対する気力喪失があるとは言えないか。

生き残りを賭けて、「どう生きるのか」、大切なのは一人一人が今、この一瞬をどのような未来ビジョンを描き、希望と期待感を持つかということに尽きるのである。

持続可能な方向を見る。その光は慈悲の光明であり、お救いの観世音であるのだ。旧来の価値観を崩すことは、容易なことではない。

この本を読んでいただき、その中から生きる力、希望と素晴らしい救済力を、見いだして、確かなものとして欲しい。

高い次元からのお救い、今「救世主」の慈悲が、どうしても必要な時節なのだ。

創世していく時節に、来ているのである。

体験としての、「お救いの奇跡」を、是非ご覧いただきたい。

きっと人生に対しての、考え方が変わるだろう。

# 十一　薬を使わない治療

私を勇気づけてくれた本が幾つかある中で、約十年程前に出た、『クスリをいっさい使わないで病気を治す本』（森下敬一著、三笠書房）なるものがある。

著者は専門の医学博士で、数々の肩書きを持ち、血液生理学を土台にした自然医学を提唱し、国際的評価を得ている。

更に慢性病、難病に苦しむ数多くの人々を根治させた実績を持った、我が国自然医学の最高権威でもある。

今迄に著書として、『血球の起源』、『失われ行く生命』、『ガンは怖くない』等の他七十余冊の著作がある。

信頼を寄せるファンも、かなりおられるという。北海道から沖縄に到るまで、一日平均四十人から五十人の人々が、相談治療に来られるとある。

いつの時代でも、薬を頼りにし医者を最高の相談者として、日本人程薬の好きな国民はいないと言われる。薬によって健康が維持されると思っている人も、かなりいるようである。

大学病院などに行っても、山程もある薬を渡されるとは、良く聞かされる話だが、その森下先生曰く、実際のところ薬剤によって病気が治るということはあり得ないと本の中で強調している。

大変勇気のある言葉でもあり、私としても感動をする訳である。後から詳しく説明をするが、要は病気になると症状が現われる。発熱、頭痛、下痢、その他それぞれの病気に応じた薬剤は、これらの症状を一時抑えることができても、病気の本体を治すことは出来ないということなのである。

これは一般的に、対症療法と言われるものである。多くの場合、病気の根治を妨げる結果になる。

同じ対症療法でも、わざわざそんな危険なものを持ち出さなくても他に有効で、安全な方法は沢山あることを知らなければならない。

病気の本体とは結局、血液の汚れによる体質の悪化である。だから病気を根治するということは、体質を改善することである。

私も全くこの森下博士と同意見で、薬を体内に入れずに病気が治る、ということがわかれば、危険な薬の使用を止めるべきで、薬には副作用があるということは、読者の皆様も良くご承知なのである。薬を反対から読むと、リスクとなる。

クスリを使わずに、健康で長寿が確保出来るということは、経済的にも重要なことである。この時代の日本の一年間の医療費が、何と二十九兆円にもなっているという。つい最近平成十一年七月十六日の読売新聞の朝刊二面の見出しに、「医療費二十九兆円を超え過去最高。老人保険医療費、三十三パーセント占める」と記載されていた。

増加の一途を辿る医療費、厚生省が過去最高を更新したと、公式発表をしていた。その数字の中にどれだけの薬価料が含まれているのかはわからないが、かなり高い数字になっていると思われる。

国民医療費は、国民が病気や怪我の治療に使った医療費で、市販薬の購入費や、出産費用、老人保険施設の食費等は含まれないとある。

その数字から察すると、如何に病人が多くクスリが大量に使われているかということが良くわかる。

私は年齢が七十一歳だが、病気はない。至って健康である。三十歳迄は結核と胃潰瘍で体が弱く、悩んでいたが、或る事から健康の秘訣を学び、体験をしてから約四十年全く健康で現役で仕事をして、社会に少しでもお役に立ちたいと頑張っている。

人間は不思議なもので、元気な間は健康について、日頃の生活が大変大事だということもわからず、過ごしている人が多い。

冒頭にも触れたが、その人その人に運命があって、何処の家にも代々受け継がれている良い面悪い面があるようだ。遺伝というか、お父さんお母さんが何の病気で亡くなったか、二代三代前くらいまでさかのぼれば、不思議と自分はどんな病気にかかり易いかということもわかってくる。

人間の一生は、短いものである。入院退院を繰り返している人をよく見るが、真の健康で病気にかからない体質造りを日頃から心掛けて、生きていることに感謝する人生を送りたいものだ。

## 十二　薬は人間に何をもたらしたか

長い間、歴史的に見ても私達は、薬によって健康と生命を維持して来たかのようだが、ハッキリ言って選択を間違ったのである。文明人の陥り易い過ち。便利なものに走り勝ちだが気がついている人も多い。

以下の文章から、理解していただきたい。長くなるので全部は記載出来ないが、註釈なしで転載する。

自然農法――と化学肥料と農薬。

岡田教祖が、世界で最初に言い出した、人造肥料排斥、自然農法の主張も、決して奇矯なことではない。

世界的にも、いろいろな人々によって、これが唱えられて来たし、又実行に移している人々も近年かなり増えて来た。

アメリカのペンシルヴァニアで大きな農場を経営しているロデールという人が、次のように主張し公言している。

「世界の人類、家畜共に、現在では甚だしく不健康、且つ短命になっている。特に幼少成長期の子供の、体力低下は著しい。

それは化学肥料による食物、飼料を食うからだ。濃厚飼料の助けと種の淘汰によって、乳牛は多量の乳を産出するようにはなったが、しかしその牛は本当の乳牛ではなく、その乳も又本当の牛乳ではない。

私は、自分の農場で絶対に化学肥料や、化学薬剤を用いない。だから人間も家畜も、絶対に化学肥料、薬剤を用いた作物を食ってはいないし、他からも絶対にそうした食糧飼料は、総て絶対に排除し、『生きた土』だけで栽培したものに限られているのだ」

又、更に氏はこうも言っている。

「病気と薬剤は相互に、競争している。

新薬が創製されると、直ちに又新しい病気が生まれる。このような現象は、昔はなかった。

古老に聞くまでもなく、昔にはビタミン剤などというものはなかった。カルシュームだって、鉄分だって『薬剤』ということではなかった。その必要がなかったのだ。

人間は何故薬を必要とするようになったか。それは農業が、堕落したせいである。しかも農家は、人類に悲劇をもたらしつつある化学肥料農業を営むために、経済的におびただしい苦労と、損失を重ねているのだ。（略）

我がアメリカでは（アメリカのみならず、世界中どこでもそうだろうけれど）人間の健康が年々衰えていくことを、重大な問題としている。

アメリカでは水道設備が完備し、医学衛生学も進み、社会的保護施策も充分に行われているのだが、それにも拘らず癌、神経痛、心臓病のような変質病が驚く程増加しつつある。

過去四十年間で心臓病が六〇パーセント増え、癌は九〇パーセントの増加。それから小児麻痺のような病気も年々増加しており、更に今まで知らなかった新しい病気が、年々増え続けている」

かなり割愛して紹介したが、医学の対症療法だけでは問題のあることを、専門の医者の間でも理解されていることに気がついている人は多い。

更に化学肥料が、穀物と野菜の栄養価を変えてしまっている事実がある。米や小麦は昔も今も同じだが、化学肥料使用以前の米と小麦と、それ以後の即ち現代の米小麦とは、全然栄養価値が相違しているのである。つまり前時代に含んでいたような栄養素が、現代のものからは欠落してしまっているのだ。

化学肥料による生産は、人間をして、日常の食料以外別の栄養剤を気にせねばならぬようにさせてしまった。

私は専門家ではないので、云々する資格は全くないが、気がついている人も多い。生態学について、公害等による環境の変化と、生存の変化を体系的にまとめる学問、エコロジーによって、一九七二年頃から、アメリカや日本で研究が進んでいるようだが、私達が生きていく上で、食べ物から来る害毒作用、更には私達の病気から来る、ウイルスを殺す薬を使って、人体が益々弱っていくようなメカニズムが出来上がっていないか。いわゆる健康への方向音痴に、陥っている状態である。

逆にウイルスを増加させないような、健康法等生きて行く上での智慧というか、異常を正すのは、化学者ではなく「生物学者」であって欲しい。

元々汚染の現象や化学物質のない時代には、複雑なウイルス種はなかったはずである。フンザ王国九百年の歴史が、証明しているのである。ウイルスを殺すだけで、健康が保てるか。

医学を専攻する医者なら、知っているはずだ。クスリとウイルスとが、相互に競い合っている。

その前に、人体はつぶれてしまう。そうした愚かさを、繰り返してならない。強力な薬で健康が維持出来たり、長寿社会が出来る、そんな世界は過去現在未来、何処にも生まれる訳はない。

私達は謙虚に自然から学び、自然に順応する時期が、既に来ているのではなかろうか。人間の血液一滴たりとも、科学では作りだすことは出来ない。安全に見えた医学も、進み過ぎた医学も、通って来た道程に誤りはなかったかを振り返り、ボタンの掛け違いに気づき、文明と生き方について再検討、総括すべきではないのか。

意識の大転換に、救いに繋がる道があると断言するのである。これからは安全な道を願う人が、多くなるように思える。

私達が選んだ薬によって、その功罪が分かれる所であるが、悪い面がやたらに多すぎる。心が痛むことが多く、マイナス思考で消極的になっている人達が、生き残りを賭けて、人間の最も大事な健康管理はこのままで良いのだろうかと言っている。

現代の人間は、一口では言えないが専門のお医者でさえ、体質が劣弱化しているという。物質文明、特に医薬によって人類の平均寿命が延びて来ているのは確かなことだが、又死なずの半病人が、かなりの数になっているのも事実である。

日本において明治三十年頃には、男性の平均寿命が四十二歳、女性が四十六歳であった。昭和三十六年で男性の平均寿命が六十三歳、女性は六十八歳となっている。つい最近の調査では、平成八年で平均寿命が男性七十六歳、女性が七十八歳くらいになって来ているという。

一般に言われているのは、医学の進歩ということで、常識的には誰もがそう信じている訳だが、実際には幼児や青少年の死亡率が低くなったことで、「長寿者が、著しく増加した」ということではない。

医薬によって長寿者が出るようになったのではなく、伝染病に対しての対策が功を奏したためであったと思われる。確かにその恩恵を充分に感じながらも、一方ではこのままで良いのだろうかと、疑問視しているのである。許可した薬品でも、もう一度見直して欲しい。又是正されていくことが、出来ないものか。

一旦許可してしまうと、少々問題があっても企業側の利益確保のため、引き延ばす傾向はないのか。

エイズ騒動時の薬品処理の問題等でも、記憶に新しいところである。薬によって生じた病気だとか、薬で体力が低下した人間に医薬で対処していくとか、首をかしげたくなるような構図が、出来上がってはいないのか。

今度又、新しい薬の避妊薬なども、アメリカで使用しているからといって日本でも認可しようとしている。

私達は素人だから、口を挟むことが出来ないにしても、以前から社会問題化している事例を忘れてはならない。

サリドマイド事件。妊婦の陣痛誘発促進剤の使用による出生児事件等。私の周囲にも、迷惑のかかった人が多い。問題が起きてしまえば、一生障害を背負って行かなければならないのだ。

何とも恐ろしい話で、人ごとの問題ではないのである。

アメリカでの話である。かの国では国中の人々を眠らすために、毎晩六百万錠の睡眠薬が使用されているという。

或る薬品業界の会合の席上、昭和六十年頃の話だと思うが、その辺の事情に詳しい地位にある人から、睡眠剤の使用推定は毎日千二百万錠に上る数字であるとの報告がなされたという。

現在控えめに見て、毎晩十二人に一人の割合で、アメリカの人達を眠りにつかせるための量である。恐ろしいことだが、遂に人間は自力で眠りに入ることも、出来なくなったのか。統計によると、睡眠薬の使用量はここ数年で、十倍にも増加したということである。

更に驚くべき数字がある。或る大手の製薬会社の副社長が、毎年およそ七十億錠の睡眠薬が消費され、これを一日に換算すれば、毎晩千九百万錠が消費されていると公表した。眠ることを忘れた人間が、わんさといるのである。

先進国アメリカで、こんなことがと思えるような精神障害による病気が多発している。或る診察所で五百人の患者を調べたところ、その内の三百八十六人即ち七七パーセントの人が、精神障害による病気——多くは不健康な精神状態のための肉体的病気だったのである。一部の極端な話であったにしても、これが日本であったらもっと真剣な取り組みが出来たかも知れない。

精神面特にストレスの要因が、薬物乱用にあるとしたら、その分析、診断がなされる必要がある。

昔聞いた、「食い合わせの怖さ」のようなウナギと梅干しでもないが、薬にもそのような複合障害、精神と睡眠薬、脳の複雑な機能に障害をもたらす副作用とか、私達の計り知れない深淵が、諸々の障害的現象として加算されて出て来ないと誰が保証するか。

薬が生み出した病気に、更にそれを治そうと又、薬物を使用する。一度でも便秘の薬を使うと、段々癖になって、薬がなければ排便が出来なくなる人がいる。薬依存症という、立派な病気になるのだ。言うまでもなく薬は、万能ではないことは確かである。数字的には言えないが、年々精神的な障害者が増加し、それに伴って肉体面の病人が増えて来ている。サリドマイドみたいにハッキリとしたモノではなく、目に見えない精神障害が薬によって起こる、その因果関係も無視出来ない。

世の中の仕組みで、一番大事な人間の健康が薬で処理されていく構図。薬によって不幸を製造している。そんなことがあるとしたら、その愚かさを繰り返したくはないものだ。

今まで薬の弊害について、多くの本が出版され良く読まれている。が、その啓蒙書の影響力は、少ないようだ。

出来るだけ多くの方々に、人間の持つ本質的な自然治癒力を見直していただきたい。

廃用性萎縮症という病いがある。これは使わない人間の機能が、ドンドンと衰えていく病気だ。

人が骨折などでギブスをはめて、二カ月ないし三カ月も経過してから、ギブスを外すと筋肉がすっかり衰え、骨と皮だけになっている。

骨が接合したら元に戻すために、リハビリをして機能の回復を図ることは、良くご存知のことと思う。

人間の身体は、使っていると機能が活性化していく。肝臓でも一緒で、使わないでいると機能が弱って来るという。胃でも柔らかなものばかり食べていると、胃があまり働かなくなると聞く。どうしてもという以外、薬に頼らない生活をして、基礎体力づくりをする。医者の診察を受け指導されながらも、自然治癒力を出来るだけ生かして、血液を浄化していく方法を取る。

頭が痛い、腹が痛い、風邪を引いた、便秘した、寝つきが悪いと、とかく便利な薬に頼り勝ちだが、薬の効用は確かであっても、副作用と悪弊も又ある訳である。

身体に害がある作用が、何処で何時どんな働きをするのか。極端でなくとも、必ず悪い面も考える必要がある。

人間の身体は、これ健康の器という。どれ一つとして、要らないモノはない。素晴らしい調和力でバランスをとり、皆相互の関係を維持しながら、機械の歯車みたいに機能している。

睡眠剤などを手軽に服用している人もいるが、続けていると慢性になり、日々僅かずつの使用でも危険だ。

親戚のAさんが三男出産の時、医者から勧められた陣痛誘発促進剤が原因で、子どもは成長期に軽い知的障害が出た。成長するにつれ、目にも障害が出てきた。

原因は網膜剥離ということで、再三手術をしたが絶望的な様相だった。

重なる病気に本人は無論のこと、母親の心もずたずたになっていた。この障害から、一生抜けられないのか、誰がこの因果を償ってくれるのか。このようなつくり与えられた因果は、どんなことがあっても断ち切っていく努力をしなくてはならないと思う。

医療費の無駄遣いで、百万円単位の費用と、障害児をつくる愚かさである。

自然治癒力を崇める姿勢とは、病気によって身体を浄める心で、元の毒素の排除作用として受け止めさせていただく。

ご理解を更にお進め下さり、自然治癒力の不思議を受け入れて次々と得難い体験を積みながら、得心して貰いたい。

一番良い風邪による浄化作用の繰り返しの中に、真の健康法としての神のお恵みがあることに、気がつかれると思う。

私自身ある人のご指導を受けながら、四十年この神のお計らいを頂き痛切に感じている。

意外な所に、意外な健康法があるとは思わないだろうか。

「宇宙の創造神のつくり給いし人間は、神によって護られているのであり、深く広い神の智慧である」

「マタイ伝七ノ二八」

味わうべき名言である。

「汝等、神と富とを、兼ねつとうることあたわず。

この故に我、汝等に告ぐ。

何を食い、何を飲まんと、生命のことを思い煩い、

何を着んと、身体のことを、思い煩うな。

生命は糧にまさり、身体は衣にまさるならずや。

空の鳥を見よ、播かず、刈らず、倉に収めず。
しかるに汝等、天の父は、これを養いたもう。
汝等、これよりも遥かに、優るる者ならずや。
汝等の中、たれか思い煩いて、身のたけ一尺を加え得んや。
野の百合は、如何にして育つかを思え、労せずして、紡かざるなり。
されど、我汝等に告ぐ」
この後に、
「栄華を極めたる、ソロモン王に与たう。
信仰薄き者よ。
それ故に明日の事、思い煩うな。
明日は、明日みずから思い煩らわん。
一日の苦労は一日にて足れり」

今時こんなことを言ったら、大抵の人は承知しないだろう。みんな明日の事を思い煩わずには、生きられないのだ。

この有名な名言の中に、思い煩うなという言葉が、何回も出て来る。「空の鳥を見よ。播かず、刈らず、倉に収めず、汝等の天なる父は、これを養いたもう。これより優る者ならずや。汝等の中のたれか、思い煩いて、身のたけ一尺を加え得んや――」何度読んでも、心を揺さぶられる言葉である。

特に「天なる父の思い煩うな」の言葉には泣かされる、思いやりの言葉が詰まっている。しかるに人間は、何と愚かであろうと、言いたいのであろう。

人間はこれ、健康の器なのである。自然の中に神の思いやりが、いっぱい詰まっている。今更言っても無駄なことだが、物質文明の中にあって、天なる父よりお預かりしたモノとして、大事に養生していきたい。

フンザ王国の人達は、原始に近い生き方こそしているが、九百年の歴史の中で最高の生き方と智慧を得て、尊いことの見本であり、学びかつ生かさせて貰いたいと切に思う。

ここで私達が生みだした医薬について更に述べると、現在日米両国においては、医療保険制度がほとんど崩壊の危機に瀕している。医療の標準になってしまった高度技術医学が要求する法外な医療費は、すでに私達の支払い能力を越えるものになっている。その現代医学が論議される状況下でも、その深部には届いていない。変わらなければならないのは医療行政ばかりではなく、まさに医学の本質そのものだ。

更に私達は経済を無視しては生きられない。今日本政府が抱えている借金は、国民一人当たり二百万円を超す。そのための利払いだけでも国家予算の二割が使われていて、しかも増加する一方である。出生率の低下で人口の老齢化も確実としている。

このように挙げていくと、明日の日本は地獄だという気もしてくる。アメリカにおいても日本においても、不健康な生活を続け、いざ病気になったら医者のところに駆け込むという行動パターンの人が数多くいる。その人達は自然にかなった治癒力に気づかず、起こりやすい病気の簡単で自然な対処法を知らないのだ。医療の危機の解決はまず、そういう人達の行動パターンを変えるところから始めなければならない。

人間にクスリという「毒」の入った不自然なものを食べさせて病気にし、更に現代医学によるクスリ漬け医療の繰り返しで悪質な病気を生みだし、法外な医療費とつながる漁夫の利とも受け取れる構図が出来上がってしまった。

誰がそして何時この悪循環を止めるのか。このための生命の損失と経済の損失を考えると、私達がどうあるべきかは言うまでもない。思考「エネルギー」からの行動あるのみだ。

# 十三　新時代に向けて—健康と生きる力

その国の興亡は、その国の青年を見よという言葉があるが、一口に青年といっても色々あり、二十一世紀に向けてどうなるのかなあと大きな流れに身をまかせて傍観者であり続ける人、わずかであっても世の中をよくしたいと思っている人、どうしたらよいのか全くわからずなんとなく生きている人、現代の社会に合わせて上手に生き続ける人と、大きく分けると、このようなことになっているのではないかと思う。

私は昭和の初めに生まれて色々な体験をし、様々な生き方もこの目で見てきたが、一つ言えることは、何時の時代でもそうだが、特に日本人は長い物には巻かれろという傾向があり、主張することが非常に弱い。ここでは理解して貰うために、若い人の目線で考えてみたいと思う。

世の中はある意味では暗いことが多いが、大変大事なことは、問題点を先送りしないということで、このことを見逃してはならない。紙面の都合で語りつくせないことが残念だが、経済と健康についてこの項では書かせていただきたい。若い人の生きる力や希望や勇気は、ここから湧いてくる。自ら学び自ら考え、主体的に判断し行動し、それを大きく広げてゆくことだ。

今ここで未来学をとやかく言いたくはないが、ある部分で悪い方向に向かっているということは明確に見えている。特に健康については、私が四十年間体験し、このことは世間とは大変違うので私自身大変驚いている。何故なのか。運命共同体の世の中で、この本の初めに詳しく書いてある事柄には信頼性に欠けるものがあると思っている方が多いということもわからないでもないが、証明することが出来ないものには無視をし続けるというか、科学的でない、論理的ではないとお叱りを受けるかも知れないが、私達は科学だけで生きているわけではないし、市場原理だけで暮らしているわけでもないので、証明出来ようが出来まいが、私は知らん顔は出来ない。

私自身、素人で浅学で、大変失礼だとも思うが、私達は救世主の教えでそれを体験したのだ。それと専門の医者もそのことについて、かなりの治療体験の実例を証明している。今ここで名前を挙げるまでもなく御承知のことと思う。

結論から言うと、汚染の中で生き続けるには、私がこの本の中で言ってる血液の浄化、言い換えると、毒素を出しきってゆく浄化療法が理にかなっていると思う。そこには二通りの生き方があり、それを自由に選択し、そこから生きる力が生じて来ることと思う。原因結果論というか、単なる病気も訳があって起きていると言えるのだ。木を見て森を見ずという言葉があるが、部分的な面だけでなしに、何故こうなったかということから、予防医学も含めて、私達は、健康な生き方について真険に取り組んでゆくべきだと思う。

私達の考え方は現代医学とは違って、がんにしろ風邪にしろ結核にしろ、いままでためこんだ毒素を体外に排泄するための生体反応とみている。例えば風邪を引くこと自体が排毒現象であり、発熱して発汗し、くしゃみをして鼻水を出し、せきをして痰を出し、腹が痛くなって下痢や嘔吐をするといったぐあいに体内の毒素を体外に排泄しようとする。紙面の都合で割愛するが、子供の時からこの自然治癒力でゆくと、将来結核になったり、がんになったりはしないということがわかったのだ。

ここでがんの話が出たので更に話を進めると、若い人には肉食をする人が多いので、がんになりやすい。胃腸病は菜食をすれば治るというくらい食生活が非常に大事である。栄養学者や疫病学者は、肉を好む人より野菜をたくさん食べる人の方ががんになりにくいということを発表している。日本人は昔はがんになる人が少なかったが、近年特に戦後二十年くらいたってから急激に増えだした。飽食の時代というか、いろいろな形で肉食をするようになった。菜食をしても、野菜の質が低下しているので、良質の野菜を大量に食べることによって初めてがんにならないような生き方が出来る。

これまでのところ、主に動物実験と分離した培養細胞を使った実験しか行われておらず、人間を対象にした長期的な実験で、果物や野菜の特定の成分が悪性腫瘍の発生や増殖を防ぐと証明されたわけではないが、実験室での研究結果と長寿民族の調査結果は一致しているため、動物実験の結果は人間にも当てはまると充分期待できる。

又、アメリカのハイデルベルク大学の小児病院の研究者達が、大豆と野菜が中心の伝統的な日本の食事をとっている人達の尿から、ジェニスタインという物質を分離して、合成のジェニスタインを使って実験したところ、この物質は血管形成を妨げることがわかったという。ここから動物実験や臨床試験によってジェニスタインの有効性が証明されれば、がんを予防する食品として利用出来るし、濃縮したものがすでにできてしまったがんの治療に使えるかもしれない。いずれにしても、化学肥料を使わず農薬の汚染のない野菜は、がん予防の食事には欠かすことが出来ない予防食であるには違いない。

ここで特に言いたいのは、健康についての考え方や私達の今までの習慣を変える勇気、人間が健康であったり、健康でなかったり、また病気をしたりしなかったりということは、何に原因するのか、さらには人体というのはどういう仕組みになっているのかというようなことだ。今の時代、他人事では生きてゆかれない。毎日毎日が選択と実行により生きてゆかなくてはならない時代と言えば言いすぎだろうか。

私は救世主の教えと救いによって、確かな足取りで二十一世紀を迎えて欲しいと望むものである。時間がたてば病気は半減するだろう。結核の血筋と言われた母方は死に絶えても不思議がない家系で、他界した姉や私も結核だったが、幸い私は確かな自然治癒力によって、健康を取り戻した。

これに対して現代医学では、ウイルスや細菌が風邪の原因であると考え、抗生物質を投与し、発熱には解熱剤、下痢には止痢剤などで症状を抑え込んでしまう。胃がんについては、悪い部分だけを切り取ってしまえばそれでよしという考え方だ。病気の原因は、患者自身の生活態度や食習慣のまちがいであることに気づくべきで、その上忘れてならないのは、心のもち方である。

心と体は切り離すことは出来ない。心が何時も何かに追われていたり、人からうらまれたり、精神状態が悪い時には、心の癒しが必要だ。何時も心の中で不足を感じ、「感謝の出来ない心」でいっぱいの時も病気をする。教えによいことをすれば自然とよいことが多くなって、病気も治る場合がある。

次に、考え方あるいは物事の判断基準について面白い比喩があるので、是非聞いていただきたい。隠された自分の知恵をむんずと引き出そうという時、搦手《からめて》という言葉がある。城の裏門から攻めるという意味である。病気の治療にも当てはまると思うので聞いて欲しい。

この言葉は転じて、「ものごとの背景に目を向けてそこから攻めよ」と解されるようになった。私達はややもすると、起こっている現象を対症療法的に直接正そうと、それにとらわれる。これに対して知恵の豊かな大物達は、問題の現象の背景と実態に目をつけて手を打つのがうまい。その傾向が日常生活の中にもしばしば見受けられる。何度聞いてもうならされる。その眼力には思慮深さがあり、是非学びたいところである。

かつて明治時代の総理大臣犬養毅が在職中のこと。ある人から珍しい金魚を贈られ、官邸内の池で飼っていた。総理は、気分転換に、金魚にエサを与えるのを日課にしていた。

ある日、エサを与えたあと池の近くのベンチに腰をおろしていると、エサを食べそこなった金魚が水面でパクパクしている。そしてネコがじーっとそれを狙っている。付き人が「エサをもっとあげましょうか」と言うと、総理は首を振って「ネコを何とかしないと」と言う。そこで付き人は、「じゃあ、ネコを追い払いましょう」と言ったが、総理はやはり断わり、「ネコの方から先に、そして充分にエサをあげるようにしないといけないねえ」と言ったという。

知恵豊かな人物は直感で三歩も四歩も先に起こり得る状況を把握できる。そしてその中から好ましい状況を選び出して背景のどこを突いたらより確実にその状況が実現するかということを読むのに長じている。

私達にも知恵は潜在しているが、知識というレールに乗って育てられ生活しているため、その知恵を躍動させるチャンスが少なく、ゆえに大いなる知恵が出て来ない。

この場合、一般にはネコを追い払うことにあけくれる。対症療法的に直接正そうとそれにとらわれる。それでは問題解決は出来ない。その奥にある原因の追究ということで実例を挙げるので、考えていただきたい。私達の真の健康は選択にかかっているのである。

次の事例についても、大変重要な要素をもっているが、まあ聞いてもらいたい。平成十二年の「週刊文春」二月十日号の記事である。

悪徳アトピー治療「実例報告」。全国11大学病院から寄せられた——。

今話題のアトピー治療には問題が大変多い。読んでいて他人事と思えなかった。或る医師の記事を併せて聞いて欲しい。

子供が幼児期になると、アトピー性皮膚炎がでてくる。体中にできた発疹を毎晩掻いて、血だらけの自分の子供を見て、母親である彼女は、どうしてこんなことになるのだろうと考える。翌日彼女は子供を連れて皮膚科の医療機関を受診する。診療を受けたあと、ステロイドホルモンを含む軟膏と坑アレルギー剤（アレルギー反応を抑える経口薬）を渡され、帰宅した彼女は子供にこれらの薬剤を与える。すると、その翌日にはあれほどひどかった発疹はきれいに消失している。これを見た彼女は、現代医学的療法による劇的な薬効に驚き、これに傾倒し依存してしまう。

その後も子供の発疹が何度か出現するが、そのつど病院で行うステロイド療法に頼り、子供のアトピーが発病した当時の「どうして？」という疑問は消え去り、その原因は食生活にあるなどとは考えられなくなっている。しかしそのまま現代的な便利で簡単な食生活を楽しんでいると、子供が大きくなるにつれて、アトピー性皮膚炎のみでなく、気管支喘息や花粉症なども起こってくる。

最終的には、ステロイド剤も功を奏さなくなり、全身に皮膚炎が広がり見た目には人間の肌ではないような状態になってしまう。そして最悪の場合は、腎機能障害、発がん、喘息による窒息死などの危険性と隣り合わせの人生を送らなければならなくなってしまう。

現代医薬の第一の目的は、患者の症状を抑えつけることにある。しかしこの症状というのは、体から発せられた危険信号、つまりこれ以上毒物を体内に取り込むなという意味をもったものである。この信号をやみくもに消してしまうことは決してよいことではない。ステロイド剤を投与することによって、症状は顕著な改善をみる。しかしこれは病気を癒したということではなく、病気を人間の体内に一時的に閉じ込めておくだけのことにしかすぎない。そのため、次に症状が出現する時は、ストロイド剤によって体内に閉じ込められていた前回分の毒素と新たに摂取した毒素を合わせたものが、症状として現われてくるわけだから、しだいに症状が悪化するのは当然のことだ。これを現代医学では、リバウンド現象と呼んでいる。

こうした子供の病気の原因はどこにあるのか。これに気づくのが遅くなれば遅くなるほど、病気は治りにくくなり、致命的になっていく。このままこのような生活（とくに食生活）を続けていると血液は酸化し、また世代交代を繰り返すごとに、その人間のDNA（遺伝子）の鎖は損傷し続け、肉体的、精神的な退化は加速され、ますます悪循環から取り返しのつかないことになる。

薬剤を使って症状をごまかし刹那的に生きるのではなく、将来のことを考え、致命的な状況に陥る前に、確かな真の治療というか、身体全体の体質を変えねばならない。

この意見にも二通りあって、別な考えでは、「ステロイド剤を止めたために益々悪くなった」として一時的に効果の出るステロイド剤治療を続け、ステロイドの副作用は数字的に限りなくゼロに近い一パーセントであると言い続ける医者もいる。この因果関係は一口では言えないが、本当に考えさせられる問題である。

長所としては説明が充分でないが、大切なのは一人一人が今この一瞬どういう未来のビジョンを描くかだ。一時的でなく持続可能な方向に進まなければ危ないということは、生命の基本的な直感として既に多くの人達が体験している。すでに結果を出している人達がいる。それに続く人達が生き残るのである。

選択は自由であり、今日の現代医療の方向性を変えることは容易ではないが、変わった方が経済的にも素晴らしいと思った時にこそ、変革が起きる。現状打破の新しい生き方の提案だが、ここで考えられることは、例えば病院の経営や利益確保からすれば、当然かなりの反対意見が出ることは想像出来るが、全体的な経済効果と健康確保のためには、そんなことは言っていられない。

超高齢社会を目前にして、医療費が時がたつ程増大する事実に、経済停滞と高負担、二〇〇七年には国民医療費が五倍にもなると言う学者がいる。特に老人医療費は年間十兆円規模に達している。薬漬けと言われるような歪んだ診療報酬体系の見直しから始まって、抜本的な医療改革に踏み込むべきである。

今百人の老人のうち伏せっているのは十五人。元気な八十五人が病気にならないような生き方があるとすれば、大きな救いとなる。知的レベルの高いM氏の介護保険についての論文の中にある病院革命についての意見は、大変勇気のある言葉として受け取った。

本来健康を保つことや病気を癒すことにおいて、現代医学的治療や診断に使われるような高額なお金は必要ないはずだ。現代の日本人はわざわざ病気の原因になるような食事をし、病気とは言えないような体調不良や単なる風邪などにもクスリを使い過ぎる。高額な医療を受けるため、高い保険料を支払っているからと、病院にかけ込むその繰り返しが、新たな病気を生みだしてゆくのだ。私自身病院を覗いてみて、私が救われた状態からすると、これは見逃すことは出来ないと痛切に感じ、本に書きたいと思ったわけである。

人間はいろいろな生活習慣から病気になる。病は気からと言われるように、心の状態、食習慣、その他様々な要因がある。一般的には、現代医学に酔いしれている人達がいかに馬鹿げているかを悟るまで、時間はかかるだろうが、私達の行動パターンを自覚して切り替えてゆく必要がある。やがて訪れる地獄のような世界をこの世に決して出現させてはならない。

この項ではアトピーに限って検討したが、それは一部であり、他に事例は沢山あるが割愛する。

間違った医療、クスリによる死亡率はがんより高い。病気になれば薬に頼るのが私達の習慣だが、日本では薬害のデータが、はっきりと発表されることがない。行政も薬学者もそのことには触れたくない事実がある。欧米では例えば『薬害と政治』といった本にデータが記されている。

意識改革をして、安全な道に進みたいと思う。

# 十四　霊的知識の重要性

私達が現在生きている世界は、例えば紙の表面だとしたら、その裏面が霊界の世界と解することができる。

表にいたら、裏側の世界を見ることは出来ないのだが、裏側の霊界からは、表の世界は良く見える。

そして私達の幸、不幸の因は、裏側の世界にあると言っても過言ではない。

私達はどんな人でも、死を迎えなければならないが、死んだら必ず行く所が霊界だと解釈してもらいたい。

仏教の世界では、人の死を往生と言う。

現世から見れば往死であるが、霊界から見れば生まれて来る、即ち往生である。

又死ぬ前のことを言うのも、そういう意味からである。そうして人間は霊界に於ける生活を、何年か何十年か何百年か続けて、再び現世に生まれ変わって来るのだ。

このように生き変わり、死に変わりを何回もしながら、生存していくのである。

私が聞いた或る霊能者の説によると、五十回も六十回も、生まれ変わって来た人がいるということであった。

仏語に言う輪廻転生とは、このことを指しているのだろう。

今はそういった説を唱える人が、世界中にかなりいるようになった。


アメリカに演技派女優として、又作家として有名な人がおられる。

その人シャーリー・マクレーンが書いたのが『アウト・オン・ア・リム』という本で、アメリカでは大変なベストセラーに輝き、日本でもまだまだ売れている自伝的体験小説だ。

シャーリー・マクレーンは、その本の中で精神世界、更には輪廻転生を書き、その霊的体験の世界は、ショッキングなファンタジーだった。

私達の人生にとって、この世界をどのように見るかによって、全世界観が変わっていく。幸、不幸の娑婆界で私達は生きるということを、どのように考えているか。個人一人ひとりの生き方によって、世界は変わって来るのだ。

行き詰まりの西洋哲学は、その究明と解析により、人が死んだら唯の無機質物体に過ぎないと、思考性の証明を理論化した。いわゆる唯物論と言われた、ドイツのマルクス・エンゲルスの論理であるが、私達は人の命はそんなに底の浅いモノとは思えない。

或る方は、生き甲斐の創造の中に生まれ変わりのサイエンスを見、人生を変え、エゴテーションから利他愛（アガペーの愛）へと変遷していく。

この世に生存している間、少しでも良い事をして、霊界に帰る準備をする人で満たされていく。

素晴らしい奉仕の生活に満ちた世界にと、『生きがいの創造』の作者飯田史彦氏は、「人総て課題持って、この世に生まれて来る」と語っている訳である。それを歓びとする「聖者キリストの愛」に通ずるものだと思う。全く私も同感である。

霊性の胎動こそ、今の生活に欠落しているモノだとわかって来る。総ての人が霊魂は不滅だと、決して死なないとわかれば、不安を感ずることもなく大きく失望することもない。悲劇的な事態になっても、これは課題を果たす修業の場と、受け止めることも出来るのだ。

人類の文化は素晴らしい発展を遂げたが、人間はなかなか幸福にはなれない。

つまり霊的文化が、より深く究明されず遅れているか、無視されているからなのだ。

私達に見えないだけの、霊界の存在、霊的事象を解き明かしていき、私達との関わり合いが歴然となるにつれ、神仏の実存が自明になってくる。

これを深く知り得たとしたら、人生は正に生きるも楽しく、死ぬも楽しいということになり、永遠の幸福が成就出来るのである。


先程、生き変わりの人生について触れたが、私達が現在この世に生を受け、今日の幸、不幸がその人それぞれに違う中で、この世以前に生まれた人生が誰にでもある。その時、自分は誰だったのか。

それを前世という。その前世での生き方が、善因善果、悪因悪果となり、今生の幸、不幸に大きく影響しているといったことを、皆さんはどこかで耳にしたことがあると思う。

信じる信じないは別にして、アメリカに半世紀前に現われた、時の有名な霊媒者、予言者であったエドガー・ケーシーという人を紹介したが、ここでもう少し見ていきたいと思う。

そのケーシーは、霊界とこの現世をつなぐ人だった。訳があって私達に、霊界をわからせるために生を受け、尚多くの人助けをして亡くなられた方である。

霊的感性が大変強く、アカシックレコードと霊的に波長を合わせることが出来た。

アカシックレコードと言っても難しいので、少し説明をする。これは「宇宙全体の記録」、又「生命の書」とか言われているもので、アカシック（アカシヤ）というのは、サンスクリット語で「宇宙の根本的物質」という意味である。

宇宙全体は、霊で覆われていると思っていただきたい。この霊はガス状のエネルギーで、種々の電気磁気振動体を持っているのだ。

人間の行動も総て電気磁気の振動を伴っていて、このアカシックレコードに記録されている。

もし或る人が、霊的にピッタリと同調する能力を持っているとすれば、この振動体に直結して、過去を見ることが出来る。だから優秀な霊媒は、前生で貴方が何者であったかを見ることが出来るという訳である。

私達は過去を背負って生きているが、何度か過去の生き様が私達の運命に関わり合い、それに加えて現代の生き方もおろそかには出来ないと思わずにはおれない。

自分は何者なのか、自分をもっと良く知ることが大切だ。私達が生きているこの世の時間、その残された時間は、宇宙的大きさからいうとほんの一瞬である。

物質主義、出世主義にとらわれ、そのことだけに走り勝ちだ。物事の本質を見、真実を見る心の眼を開いて、後の残る人のためにも精神世界の充実こそが命である。

お釈迦さまは、「縁なき衆生は度し難し」と申されている。

どんなに良い教えでも、これを聞いてくれない人を救うことはできないと、お嘆きになった言葉だ。

「輪廻転生」

仏教の教え、釈迦—覚者の言葉。

聞く人にとっては、それぞれにどの程度の理解があるのか。或る人の言によると、死んで生まれ変わって来た者はない、という。こうした考え方も当然あると思う。

耳を澄まして、深層意識に尋ねていただきたい。今期は霊界の働きが特に違って、活発になって来ているので、その気持ちさえ持続していれば、何らかの形で知らせてくれると思っている。

最近自殺者の数が、増加しているようだ。昨年の統計で全国で三万一千人を突破した、とニュースで聞いた。私は実際体験として、自殺者と会話をしたことがあるが、霊界での苦しみは大変なものだ。

この霊的体験を、事象については、家庭崩壊の項で触れたので先に進める。

# 十五　霊的救いの業は、観音妙智力にあり

私はかって、古い「御神書」を覗いたことがある。二千六百年前の大変古い話で、釈迦出生の時代、日本から観自在菩薩つまり「観音さま」としてインド補陀落山上に安住され救道を垂れたことなど、種々因縁を明らかにされたが、それらは非常に興味津々たるものである。何れ時が来たら、取り上げて説くつもりだ。

観音さまと釈迦との関係について、私個人としても不思議な体験をしている。その経緯と、野崎観音さまからご縁を頂くことに、不思議な繋がりがあったということがわかったのだ。

或る事情で大阪府大東市の三箇町という所に、逃げるようにして来させていただき、一番先に観音さまがいらっしゃると聞いて、これでお助けいただけると思ったのである。

夢にも考えなかったのだが、教祖様からの教えで、観音さまとお救いとに関係があると感じ通いだしたのだ。

この地に来る前に、釈迦の涅槃像の夢をハッキリと見させていただき、何のことかわからずにいた。

大東の方に来てからも、ご挨拶程度で週二回くらいお参りに行っていた。

そして次から次へと不思議が起こり、今では三日もお参りをしないと、寂しくて気持ちが落ち着かなくなる。

これもひとえに、お導きいただいたことによるもので、有り難さでいっぱいである。そしてこの有り難さを、一人でも多くの方々に享受していただきたいと、日夜念願しているのである。

この地大阪府大東市野崎二丁目にある観音さまは、由緒あるお寺で、大変立派な歴史の中に神秘を感じさせる福聚山慈眼寺と命される曹洞宗のお寺である。

千三百年前インドの僧が、お釈迦さまが初めて仏法を説いた「ハラナ」(補陀落山の意)に良く似ているお山があると、行基菩薩に申されたので、菩薩さまが観音さまのお姿を木地に刻み、この山上に安置されたという。

そのような縁起のある霊妙あらたかなお寺さんなのだ。

観音さまは、行基菩薩の手彫りになるもので、「非常に位の高い寺で、幾多の戦乱のため荒れ果てて、殆ど荒廃し、又消失の憂き目にあったのですが、ご本尊の観音さまだけが護られ残った」とある。

元和二年（西暦一六一六年）、曹洞宗の僧、青巌和尚が寺を復興、中興の祖になられた。

江戸元禄宝永の頃より、野崎参りが盛んになり、従ってお寺も栄え現在にいたっているということだ。

中興されて、三百八十三年の間、多くの方の安心立命、家内安泰寺として、歴史を刻んでいる。

私も霊界からお釈迦のお手引きによるものと確信し、感激致しておる次第である。

そして多くの不思議が続き、いただかせて貰い、大変幸せな気分で毎日を心楽しく送っている。

一つの時代が終わって、新しい二十一世紀を迎える時代に、考えさせられるような事件の数々。

特に多発する少年犯罪、暴走族の狂乱、小学校の学級崩壊等。東京都の調査では三百十四校の内、四百十六クラスに学級崩壊が見られるとある。

このようなことはあってはならないのだが、霊的現象として見ていくと、あり得ないことではない。

釈迦の説き給うた仏語である「輪廻転生」は、人間が生きて行く上での根幹となる大変大切な真理を含んでいる。

今世紀、知識の詰め込み教育に、弊害が生じての結果ではないだろうか。心の栄養になる霊的思想教育を、体系的に小学低学年の時より教えていく事態が来ていることを予見させる、様々な現象が起こっているとは受け取れないだろうか。

この霊的真理の神髄を学び、吸収されていくことで、犯罪が少なくなり、自殺者も半減する。

学校の教師に、こうしたことを良く理解出来る体験が出来ていれば、子供一人一人を一個の人格として認識するようになり、信頼関係が助成されて来るのである。

# 十六　幸福は自分の裏庭にある

日本人であるからと言って、そこに産出された思想を、ことごとくは信用はしない。何故なら徳川時代から、日本の国は鎖国のせいもあって、総てに遅れを取っていた。後進国として、白人世界の西洋文明を取り入れ、真似をし追いつけ追い越せで今日まで来た訳だ。

今でもその傾向は続いている。現在は確かに世界的国家として存在しているが、車でも国産品で良いものがあるのに、外国の車の方が良いとする人も多い。

確か日本人が考えたテレビでも、アメリカで量産普及し、日本に持ち込まれたとある。長い間の習慣から来るもので、信じ難いことだ。人間一旦信じたら根底から自己暗示にかかり、所有する信念が崩れるようである。そこで、こんな話をする。

創作の物語を聞いていただくのだが、お伽話の発想は距離を置いて、モノを見る視点を与えてくれる、いわゆる客観的に現実を認め、避けている人にも現実との直面で、楽に理解し易くなる。

アリ・ハフエド物語。

アメリカのラッセル・H・コンウエルという牧師が、「ダイヤモンドの土地」という説教を、六千回も行ったことで有名である。それは当時の人々を大変感動させた講演であった。

「ダイヤモンドの土地」というのは、大昔インドに住んでいたアリ・ハフエドの物語である。裕福で何一つ不自由のない生活を送っていた農夫のお話。

ある日一人の老僧が、アリ・ハフエドを訪ねた。

「この世界がどうして出来たか」とアリが聞いた。

老僧は、このように語った。

「世界はかつては、霧の堆積であった。

或る時、全能の神が、その霧の中に指を入れ、非常に早くかき回し、遂にその霧を固い火の玉にした。

火の玉は回転をしながら、宇宙を飛び廻った。

雨が降り表面が冷えて、固まってしまった。

すると中心の火が、表面に噴き出して、山となり谷となり草原となった。

内部の溶岩が、地表に噴き出し、すぐに冷却されると花崗岩になった。

ゆっくり冷却されるに従い、銅となり、銀となり、金となった。

そして金の後に、ダイヤモンドが出来た。

日光が凝結したモノだ」

老僧は更に言った。

「もし貴方が、親指大のダイヤモンドを手に入れたら、この付近の土地を残らず買い取ることが出来るじゃろうし、ダイヤモンドの鉱脈を手に入れるならば、富の威力によって、自分の子を王座に就かせることだって出来るじゃろう」と。

アリはその晩、ダイヤモンドが、どれ程値打ちがあるものかを、深く心に印象付けて床に就いた。

彼はこの話のために、何も失ったモノはなかったが、総てのことに満足出来なくなってしまった。

アリは一晩中眠らないで、ダイヤモンドの鉱脈のことばかり考えていた。

彼は翌朝早く、僧侶を起こし、

「何処に行けば、ダイヤモンドが見つけられるか、教えて下され」と頼んだ。

僧侶は何とかして、彼を思い留まらせようとした。

アリはどうしても、と言って聞き入れない。

僧侶は遂に仕方なく、

「高い山の中で、白砂の中を流れる川を見つけなさい。白砂にダイヤモンドがあるじゃろう」と教えた。

アリは、自分の土地を残さず売り飛ばし、家族を近所の人に預け、ダイヤモンド探しに出かけた。

行けども行けども、探し求める宝庫は、見つからなかった。

遂に彼は失望のあまり、スペインの果ての海に、身を投げたのである。

ところで、ある日、アリから畑を買った男が、ラクダに水を飲ませようと裏庭に連れて来た。

ラクダが水を飲もうと、裏庭の小川に鼻を着けた。

その小川の白砂の中に、奇妙な光を放っているモノがあるではないか。素晴らしく光沢の良い石ころが現われた。

以後この地から、たくさんのダイヤモンドが発掘された。

大ブリテン王国のビクトリア女王に献上された百カラットもある有名なダイヤも、ここから産出されたという。

もしアリが、そのままここにいて、裏庭の麦畑の下を掘ったら、ダイヤモンドの土地を手中に収めることが出来た。

王様にもなっていただろう。

男は早速、そのキラキラと光っている石を掘り出した。そしてその珍しい石を家に持ち帰り、暖炉の上の棚にのせておいた。

しばらくたった頃、例の老僧が又この家を訪れた。老僧は扉を開けるや、正面に輝いている石を見つけ、思わず駆け寄った。

「これはダイヤモンドだ！」

老僧は驚き叫んだ。

「アリ・ハフエドが帰ったのだ！」

「いやいや、そうじゃありません。アリ・ハフエドはまだ帰って来ません。これは裏の小川で見つけた、ただの石ころですよ」

アリ・ハフエドから、畑を買った男はそう答えた。

「いや、あんたは嘘をついておるのだ」

老僧は、こう言い張った。

「わしがこの家に入った瞬間、これがダイヤモンドだとすぐわかったよ。これこそ正真正銘のダイヤモンドですぞ」

そこで彼らは、家を飛び出し小川の白砂を掘ってみた。するとどうであろう、最初のよりは小さいが又出て来るではないか。


この物語は私の理想を、最も端的に表わした寓話である。ドクター・コンウエルはいつもこのように言って、説法を結ぶのであった。

私達は、このドラマチックなストーリーを、どのように受け止めるか。私の言いたかったのは、健康と長寿は、自分の裏庭にある、ということだ。

確かに、その通りではないだろうか。人間は、「自分が手の中に持っている、正にそのモノを、常に他に求めようとしている。自分が願望するモノを、手に入れようと大きな錯誤をしている」という寓話なのだ。

機会は、遙か遠い所にあるのではない。貴方の心の中にある。

それは偉大な力を秘めている貴方の心、考え方を変えることによって、もたらされるのだ。

その心に秘められている大きな二つの働き、健康と長寿が、救世主と密に繋がり、幸福とは遠い所にあるのではないと、啓示され直感される。


今までの歴史を辿ってみても、何時の時代でも最初は誰かの心の中に宿った想いが、実現を目指してまず行動を起こすことから始まる。

一つの動きが波及効果の起爆剤になり、次々と物事を処理させ、目的成就に生成される仕組みは、人智を超えた不思議と言う他はない。

徳川三百年の武家時代から、明治の御維新に移り変わる中で、時の権力の徳川の力は大変なモノで、倒幕を画策して運動していた中心人物達を次々と処刑していった。

坂本龍馬、西郷隆盛、その他沢山いる。

当時多くの犠牲を払いながらも、御維新をやり遂げたことは、大変な功績だった。

もし維新が成就出来なかったら、今日の日本はなく、別の様態になっていたことだろう。

それにしても、「薩摩と長州」は現在の鹿児島、山口だが、そこが徳川相手に勝利を収めたのである。

意気込みの凄さは、言葉では表現出来ない。

このままの現世ではダメだ、犠牲を払ってでも行動を起こし、自覚した者達で明るい時代に世直しをしようという人の力が、大勢に波及したのである。

次は、アメリカ合衆国において、奴隷制度の問題が社会的な紛争を引き起こし、それが南北間の激しい対立となり、激烈の時代に入っていく話である。

一八五二年の夏、女流作家ストウ夫人の書いた小説、「アンクル・トムの小屋」がボストンで出版され、その年の冬までに十五万部を売り尽くしたとある。

この現象は当時の合衆国では、全く想像だにしない出来事で、驚くべき売れ行きだった。

当時ストウ夫人は、奴隷制度を認めない自由な州、オハイオに住んでいた。

隣の奴隷州であるケンタッキーから、命懸けで逃げて来る黒人奴隷の惨めな姿を何度も見かけるうち、彼女の心にはこの社会的な不正を、何とかして多くの人に訴えたいと決意する。

そのように人道的な情熱で、哀れな獣扱いを受けている黒人を、明るい光の下に返してあげたい、救いたいの一心で作品を書き上げるのである。

その一途な無為の真心が、多くの人の心を捉えていくのだ。真実の救済を願ったストウ夫人の心は、大きなうねりとなり、波及効果という霊界の通信に支援されていくのである。

社会的には、各州共反対か、それとも認めるか、特に南北間の社会問題対立は大きく、遂に一八六〇年、奴隷制度反対を主張する共和党が選挙で大勢を決め圧勝した。

合衆国の歴史が、リンカーン大統領の登場で明に転ずる瞬間である。

南部諸州が次々脱落しその独立のため、北部諸州と戦う独立戦争。南部諸州の士気高く優勢で、一進一退の攻防が二年にも及ぶのであるが、ここで有名な独立宣言が合衆国大統領リンカーンによって布告されるのである。

「南部の戦争状態にある州でも、奴隷の身分に置かれている総ての人達が自由を得るために努力しようとも、決してそれを抑圧する行動にはでない」

独立宣言は、北軍の輝かしい旗印となり、遂には南軍の気勢を著しく削ぐ結果になった。

更に北軍の戦果を優位に運んだ大きな要因は、当時の奴隷の人達の中から志願して、戦場に参加した勇気だった。

アメリカのために志願し戦うのではない。我々は自由を勝ち取るためにこそ、銃を取った。

戦いが終わった時、自由を求めて戦った彼らの数が、五十万人にも達していたという。そしてその戦いぶりは、水を得た魚のように、生き生きとしていた。

一八六五年四月、南部の首府リッチモンドの陥落によって、長い南北戦争に終わりが告げられた。

「アンクルトムス・キャビン」

南北戦争を引き起こし、奴隷解放をもたらした本と呼ばれ、敬意をもって読まれ継がれているのも、珍しいことである。

リンカーンがこの著作者、ストウ夫人に初めて会った時に言った言葉。

「貴女が、この大きな戦争を起こさせた、小さな女性ですか」「奴隷解放の戦いで、マダムのペンの力は、北軍の名将グラント将軍率いる十万の軍隊より、強かった」とさえ、言わしめている。

が、マダム・ストウの心には、只一人アンクルのリリックな面影があるだけだったのかも知れない。

「一人の人間の救済こそ、全世界の救済」であったのだ。

この物語のように、目に見える肉体への差別ということは、誰にでもわかり易い。又感情性の発露は、心を動かされ易い。

しかし気がつきにくいのは、心の奴隷、中でも恐怖の奴隷から解放されるための身近な努力。

健康に対する恐怖から、解放され逃れるための、心構えと自然治癒力への絶対的信頼。

惜しみなく研鑽されるべき命題である。

近代文明の行き着く所は、行き詰まりの思想である。

健康と長寿の問題を、先送りした生き方でよいのだろうか。

時節は来ている。

時熟し、己が自身で気がつき、人間の可能性と神秘性に触れ、天国の世界になることを確信して、日々是好日で生きるのである。

## 十七　貴方の考えと行動が未来を決定する

未来の姿は、われわれがいま何を行なうかによって、結果が変わる。

私達は未来に向けて、何をしたら良いのだろうか。常識とされている、社会通念のままでのやり方のみを頼りにしていたのでは、生きていけないことも出て来ている。今の世の中、急変しているのである。

私達が成長することは、つまり自分を変えていくことなのだ。自分を変える人は、或る日思い切り良く、過去の習慣を変えてしまう。

突然変異的に変わるのは、今の生活環境条件が大きく早く変化して行くからだ。小変化や中変化ではなく、まさに大変化である。このような時に生き延びる人間は、変化には変化の柔軟性をもって、対応していく。

産業界の構図が大きく変わっていく現在、安定企業と言われた銀行、建築業等の無惨なまでの零落には、驚かされる。

この大きな変化の流れは、神の仕組みとは、感じられまいか。

私達が今世紀やって来たことへの、総決算を迫られているのである。このような時、釈迦やキリスト級の大聖者の智慧と、人を動かすカリスマ性と、内的力を持った逸材が、求められているのである。

私が尊敬する宮沢賢治の文章に、

「全部の人が幸せに為らないと、自分の幸せはございません」とある。

又信服する教祖さまは、

「人を幸福にしなれば、自分は幸福になり得ない」と申された。

昨今の世の中は、どうだろうか。

我が国は、従来封建的な思想によって、動かされて来た面がある。いわゆる立身出世主義の考え方が、大変に強い。

政治家を志す人、大会社の社長や役員になった人、みな世間で言う成功者である。自己の社会的地位が、高くなることを望み、人を押し除けても自分の目的を達成したいと願う。

人間社会の不条理で、いつも弱者から犠牲者が出る。物質文化の常である競争の原理からすれば、当然のことで百も承知なはずである。

この章では、全体が幸せになるために、智慧を絞って未来をどうするか、について考えていく。

ここまで読んで来ていただいたのだから、何かを感じていることと推察をした上でお話をする。

現在、貴方は何を求めているか。

ハッキリと意志が決定出来たら、それだけで充分だ。

物質的時代にはその時、その時代の権力者、学者、政治家の智慧と努力とで進んで来た。結果として、経済に、人間の身体の健康に、その他の社会的事象に、地獄的な様相が現われて来ている。

一部のグループの陰謀に踊らされ操られた姿として見たら、これは何とも恐ろしいことだ。気がつかないでいたとしてもである。

霊界のテレパシーは、しきりにそれについて、警報を鳴らしている。

二十一世紀のインターネット時代が、人類破滅の格好の道具だと、テレパシるのだ。

そこを回避し、社会的防衛をするには、どうしたら良いのだろうか。私達の未来をシミュレーションしたら、唯物主義のもと、資本主義一辺倒で追従して来て、つい最近ではバブ、ルの崩壊のような失敗を体験した。今此処に至って、本当に大事なことは、少しでも未来に向けて希望の持てる生き方が必要であるということなのである。

健康と平和、その一番基礎的要因が、健康と健全な精神となるのである。そして今までの医学の進歩で、今日の幸せを勝ち取ってきた。

又一方不幸をも、生み出しているのも事実である。気がつかずに善意で行なっている治療が、実は病人の身体を更に悪くしているとしたら、善意の殺人に繋がっていくのだ。

国民健康保険の適用で、病気になったら保険に入っているからと、病院に行き一時間待って、三分治療。お医者さんの意味不明語。病人という物体の、流れ作業みたいな現今の病院経営である。

愚痴をこぼすと、身体の血液に悪作用を起こすから止めるが、病気になったら大変だ。

色々な薬を貰い、薬の乱用をやっている。

薬の生体に対しての、複合的なメカニズムは、解明されてはいない。他の要因とも重なり合い、病身の体質に身体が変えられていく。

病院は何時も満員。

国・製薬会社・病院、この方程式で政治資金を増やし、利益代表の代議士を送り出していくような、産・官・学の構成になっていないか。

国民の健康を考えた政治と謳い、完全にコントロールしている人は無数に存在する。国民の大多数が信頼し、身を任せていながら、病人はいっこうに病状が良くならない。

近頃の臓器移植の問題にしても、世間的にはわからない所で、色々行われている。

百歳過ぎても元気な、明るいおばあさん、きんさんぎんさんを見てみなさい。

元気のもとを私達は、学ばなければならない。

元気だから、薬を飲まない。

飲まないから、元気だ。

誰かが真実を明かさない限り、世の中の大切なことが見捨てられていく。

そして内臓移植など、全く知らない所があるはずで、そこから生活を改めるよう神が示されている。

自然治癒力も、何のためにあるのかと思うのである。

人間が素直に、心も身体も健康を求めたら、失望したり絶望したりはせずに済む。結核もがんもO-157も、怖くはない生き方がある。

私は七十歳を過ぎたが、この真理が理解出来、体験をすることで、現に真の健康生活の、、道を歩んでいる。

そしてこの体験者は、日本中に五十万くらいと推察している。

覚醒された人達なのである。

願わくば近未来、健康で、愛と光に満ちた国造りに、命を捧げたい。

どうぞ皆さん、手を貸していただきたい。

幸せは自分の裏庭にある。心の中にある。

私は健康の秘訣を摑んでいるので、何処に行っても、心配はしない。

そして幸せである。

お金がなければ、必ずどこからか授かるようになる。


米国十六代大統領、エイブラハム・リンカーンが、ゲティスバーグで行った名演説を紹介しよう。

「人民の人民による、人民のための政治を、地上から絶滅させないであろう。

国民の一部を終始、騙す事は出来る。

国民の全部を、一時騙す事も出来る。

しかし、国民の全部を、終始騙す事は出来ない」

リンカーンの言葉の中に、現代に照らしてみると、何かが見えて来る。

誰かに私達が住んでいるこの世の中を、お任せするのも良い。

今の世の中を良くすることに、消極的であってはならない。

安心立命の明日を築いていくために、健全な身体と、健全な精神が必要である。

救世主支援の運動を起こしながら、快適に生きていける環境造りを、皆さんと一緒にしていこう。

最後に、ソロモン王の警告。

「イメージを持たぬ国民は滅ぶ」

真理の言葉である。

今の日本には、残念ながらイメージング即ち、「心に夢と希望、人生にポエムがない」のだ。どうぞ元気を出して、一人でも多くの人が結束して、健康な国造りをしようではないか。

最後に私達の周りには、生活の豊かな財力や地位に恵まれていなくとも、心豊かに生活、をし、笑いの絶えない日常を送っている人々も多くいる。
元々身体と心は一体なのである。
長寿者の多い土地は、文化文明から縁遠い所で、医療機関にも恵まれていない。
僻地の山村であることが、何を物語っているのだろうか。
生涯ストレスの溜らない生活。
文明の進歩と長寿が両立することこそ、今二十一世紀の課題なのである。

最後まで読んでいただき、感謝したい。
ユダヤの言葉に、
「水も空気も安全も、ただでは得られない」とある。
この時代、私達は、安全性に代価を払う状況下に置かれて生活している。
ただでは得られない、純なる行動が必要なのである。

## [参考文献]


『クスリをいっさい使わないで病気を治す本』　森下敬一著　三笠書房
『大河の一滴』　五木寛之著　幻冬社
『超能力健康法』　川津祐介著　現代社
『生きがいの創造』　飯田史彦著　ＰＨＰ研究所
『長生きの秘密』　有働陽一・高田安希世共著　日本テレビ
『神々の陰謀』　五島勉著　扶桑社
『新の時代がやってくる』　唐津一著　ＰＨＰ研究所
『食養生』　こざは博樹著　総合ユニコム
『一九九八年日本崩壊　エドガー・ケーシーの大予告』　五島勉著　青春出版社
『来るべき宇宙文明の真相』　深野一幸著　徳間書店
『西洋故事物語』　阿部知二、他著　河出書房
『フリー・メーソン　悪魔の洗脳計画』　鬼塚五十一著　廣済堂
『旧約聖書』
『人はなぜ治るのか』　アンドルー・ワイル著　上野圭一訳　日本教文社
『アウト・オン・ア・リム』　シャーリー・マクレーン著　山川紘矢・亜希子訳　地湧社

## 参考文献


『積極的考え方の力』 N・V・ピール ダイヤモンド社
『楽天的に生きる人間ほど成功できる』 山口彰著 大和出版
『続々天才の世界』 湯川秀樹著 小学館
『悪い薬』 中山純著 データハウス
『嫌われものほど美しい』 ナタリー・アンジェ著 相原真理子訳 草思社
『知的未来学入門』 和田和幸著 新潮社
『自分を思うまま動かす』 桑名一央著 三笠書房
『聖教書』 神慈秀明会編 教学室
『生命医療を求めて』 内田久子著 日本教文社
『神との対話』 ニール・ドナルド・ウォルシュ著 吉田利子訳 サンマーク出版

# あとがき

不況の時代、どのように生きていくか。

不景気で商売もダメ、銀行が破産した。

サラリーマンもダメ。

いつ首になるか、わからない。

こんな落ち込んだ話は、ゴメンこうむりたい。

こんな時代だからこそ、生き甲斐を持って立派に生きていく、感動と新鮮な感受性、大きな勇気が必要なのだ。

八方塞がり、などという言葉はない。

十方世界の中で、残りの二方にこそ真実の霊的智慧が隠され、素晴らしく覚醒された世界に、住することが出来る。

発想を変えていただきたいと切に乞い願うのである。

宝の山にいるのに、遠方のゴミばかり追っている。

どうぞ人任せの人生にせず、良き霊能者に救いを求めて、「歩み方の真理」を身に着けていただきたい。

先行きの健康保持の問題にしても、安心が出来ない状態だ。

化学肥料に農薬、私達の食生活に直接関係するダイオキシン問題でも、一九五〇年から約三十年、全国の水田で使用された除草剤に含まれた毒性であることが解明され、公式に認める報告が出た。

このように時がたって、次々と難問が出て来る。許認可機関の関係官庁の、管理チェックの甘さが問題になる昨今である。

日本が超高齢化社会に入る二〇〇七年から二〇一〇年頃までに、国民医療費が五倍になる見込みだと報ずる、暗いニュースもある。

そんな中で、私が体験して多くの余徳をいただいた自然治癒の力を信じ、小さな事から作り上げていき、国民医療費を半減させることへの祈願成就の思いを掲げて、日夜努力を重ねている。

自然治癒力の探求と普及に、残りの生涯を捧げる所存である。

僅かなことをも明るいニュースと受け止め、景気浮上に一役買う使命感をもって前進して参りたい。

最後に、書き終わって気がついたことだが、物事はすべて始めがあれば終りがある。自分の終末、文明の終末、人類の終末がある。私達は意識するとしないとにかかわらず、よい意味でも悪い意味でも私達の幸不幸は、いつも私達の選択にかかっている。

その時代をどう生きたか、永い歴史のなかでの積み重ね、繰り返しの中に禁断の木の実と言うべきか、さわってはならないもの、口に入れたら毒になるもの、クスリにかかわりをもつようになり、私達はそれを選択し利用してきたが、様々な形で良い面悪い面に症状が現われてきている。この状況のままで生き続けることの愚かしさを感ずるのは私一人ではないと思う。

近代化された現代医療は、一方で臓器移植や遺伝子操作まで行なうレベルまで進歩したことを認めながらも、難病も含めて病気はむしろ増加の一途をたどっている。それに重ねて悪質な犯罪の増加、私がこの本の中で書いている事柄は理解出来ないこともあるだろう、そのことは書きながら、私自身気がついてもいる。

人間は不思議なもので、見たり聞いたり、また長い間の習慣になっていることは当然のこととして身についている。人によっては、私が書いていることは異説として理解出来ないであろう。理解出来ないことは神経を逆なでするようなもので、間違っていると感じるものだ。それでもこの本を読んで気がついてほしい。有り難いことにほうぼうから次々と手紙をいただいており、わかっていいただいた人があることに勇気づけられる。

限られた頁数の中ではあるが、私のつたない体験と説明とで、今のあり方が間違っていると、人々に自覚・覚醒されることがこの国を滅ぼさないための創造の過程であると信じている。意識改革は愛であり、そのエネルギーは驚く程偉大である。現実に病人の増加、犯罪の増加それも年々悪質になり、又低年齢化してきている。何故か？　原因結果論からすると、今の時代どちらかと言うと結果の方に重点をおいているような気がしてならない。病気にしても犯罪にしても、対症療法的処置で、結果の方に力が入っている。

原因、「根本」はどこから来ているのか。あらゆる人間の災い、その根本を解決してゆくためには意識改革――「心」の底にある霊魂を目覚めさせなければならない。病は化学では治癒出来ないことを理解し、さらに病気を生みだした原因は、クスリ、肥毒と薬毒との両方で、この世の中に大量に使用されているクスリを締め出さなくてはならない。容易ではないが、やらなくてはならない。

クスリのない時代は、病気と犯罪それに争いが極めて少ないことは歴史が証明している。原始に帰れということでなしに文明社会にありながらクスリの使用を控え、健康で恵まれた社会を築くことが拡大されてゆく。その先に至福千年の素晴らしい理想郷の誕生となる。

薬害の実態をより多くの国民が識り、それを否定するところから改革が始まる。これから恐ろしい時代が待っている。私達が育った時代と違って、今の成長段階の子供達は、食品中の添加物、農薬、病気にかかった時服用する医薬品に含まれる薬、中でも抗生物質や塩素の多い飲料水、数えたらきりがない程クスリづけの状況から判断して、若い十代の人達の殺人につながる精神病も含めて、難病という症状に見舞われないためにも、私達は見逃すわけにはいかないと思う。

最後に本書執筆に当たり、数々の文献の力を借りたことをお断わりしておきたい。数多くの文献の中から私自身ひと様に伝えることが出来た事を紙面を通じて感謝の報告をさせて下さい。合掌。

著者紹介
**寺田妙昂斉**（てらだ　みょうこうさい）

本名・寺田保
昭和3年生まれ。
いちばんどり鶏醒会主宰。

瞬時に覚醒せよ

2000年7月3日　初版第1刷発行

著　者　寺田妙昂斉
発行者　瓜谷綱延
発行所　株式会社 文芸社
〒112-0004　東京都文京区後楽2-23-12
電話　03-3814-1177（代表）
03-3814-2455（営業）
振替　00190-8-728265
印刷所　株式会社 平河工業社


ISBN 4-8355-0503-4 C0095